여행 베트남어

Vietnamese

용기를 내어 베트남어로 말을 걸어 봅시다.
조금이라도 내 마음이 전해진다면 여행은 좀 더 즐거워질 거예요.
여느 때보다 더 따뜻하게, 같이 경험해 볼까요?

『여행 베트남어』를 가지고

자, 이제 시작해 봅시다.

여행을 할 때 필요한 기본 회화부터, 알아 두면 좋을 현지 정보,
편안한 여행을 즐기기 위한 표현과 단어를 모았습니다.
자, 다양한 회화 표현으로 여행 기분을 느껴 볼까요?

모처럼 여행을 왔으니 현지인 분들과 커
뮤니케이션을 해 볼까요? 간단한 인사
라도 그 나라의 말로 먼저 말을 걸어 본
다면, 현지인 분들도 웃는 얼굴로 반겨
줄 겁니다.

맛집 탐방, 쇼핑, 뷰티 등 의사소통을 해야 하는
순간에 필요한 표현들을 가득 담았습니다. 간
단한 의사소통이라도 평소와는 다른 경험을 할
수 있을지도 모릅니다. 다양한 회화 표현을 통
해 여행을 좀 더 즐겁게 보내 볼까요?

check list

뭐 좋은 거 있으면 저에게 소개해 주시겠어요?
Có gì hay thì giới thiệu cho tôi?
꺼 지 하이 티 져이 티에우 쩌 또이

컵 하나 주세요.
Cho tôi một cốc.
쩌 또이 못 꼭

시청이 어디에 있나요?
Tòa nhà ủy ban nhân dân ở đâu ạ?
또아 냐 우이 반 냔 전 어 더우 아

입어 볼 수 있나요?
Mặc thử được không?
막 트 드 억 콤

HOW TO
베트남어

회화 수첩은 현지에서 자주 사용하는 문장을 중심으로 최대한 많은 내용을 담았습니다. 사전에 미리 알아두고 공부해 놓으면 좋을 정보들도 담았습니다. 현지에서 자주 쓰이는 어휘들도 기억해 둡시다.

사용하는 포인트는 이곳에

● 상황별 구성으로 문장을 익히기 쉽습니다.

● 여러 가지 신으로 기본 문장에 충실하였습니다.

● 영어와 한국어로 되어 있어 현지에서도 도움이 됩니다.

"카페에서는 어떻게 말해야 주문할 수 있을까?", "이 화장품은 어떻게 말해야 하지?" 등 순간적으로 당황했던 적은 없나요? 이 회화 수첩은 현지에서 흔히 접할 수 있는 상황별로 정리했습니다. 각 장면에 연관된 문장이나 단어들을 모아 현지에서도 쉽게 사용할 수 있도록 했습니다.

---

1 상황별로 아이콘이 붙여져 있습니다.

맛집, 쇼핑, 뷰티, 관광, 엔터테인먼트, 호텔의 각 상황별로 제목의 옆에 아이콘이 붙여져 있습니다. 필요한 상황을 바로 찾을 수 있도록 하였습니다.

2 단어를 바꿔서 활용할 수 있어서 편리합니다.

숫자나 지명 등 바꿔 넣는 것 만으로도 문장을 만들 수 있어 편리합니다.

연꽃차 5봉지 주세요.
Cho 5 gói trà sen.
쩌   남 거이 짜 쎈
Five bags of lotus tea, please.

3 중요 문장을 찾기 쉽습니다.

특히 중요한 문장은 일목요연하게 정리해서 알 수 있도록 하였습니다.

벤탄시장에 가고 싶어요.
Tôi muốn đi chợ Bến Thành.
또이 무온 디 쩌 벤 타잉
I'd like to go to Ben Thanh market.

4 상대의 말도 알 수 있도록 하였습니다.

현지 사람이 자주 사용하는 문장도 적혀 있습니다. 사전에 체크해 놓으면, 당황하지 않고 대화를 이어갈 수 있을 것입니다.

무엇을 찾으시나요?
Chị đang tìm gì a?
찌 당 띰 지 아
What are you looking for?

5 베트남어 외에 영어도 표기되어 있습니다.

영어도 함께 기재되어 있습니다.
베트남어가 통하지 않을 경우 영어로 시도해 보세요.

물 좀 주세요.
Cho tôi nước.
쩌 또이 느억
Water, please.

액세서리를 사러 가 봅시다.

베트남이라면 민스의는 액세서리가 유명하죠.
내 것도 사고, 선물용으로도 사고, 몇 가지 둘러보다 보면 모두 사고 싶어져요.

에어리어를 찾아봅시다	
잠깐만요 이걸 좀 보여주세요	**Cho tôi xem cái mẫn này.** 쩌 또이 쌤 까이 머인 나이 Could I see this ring?
이건 어떤 돌(보석)인가요?	**Đây là đá gì?** 더이 라 다 지 What is this stone?
이건 몇 캐럿인가요?	**Cái này mấy ca rát?** 까이 나이 머이 까 랏 What carat is this?
베트남산이죠?	**Sản phẩm của Việt Nam à?** 싸안 펌 꾸아 비엣 남 아 Is this made in Vietnam?
금속 부분이 순금(순은)인가요?	**Phần kim loại là bằng vàng(bạc) ròng à?** 펀 낌 로아이 라 방 방(박) 쫑 아 Is the metal part pure gold(silver)?
착용 해봐도 될까요?	**Đeo thử được không?** 데오 트으 드억 콤 May I try this on?
선물용으로 포장해주세요.	**Gói làm quà giúm.** 거이 람 꾸아 지움 Please make it a gift.
따로 포장해 주세요.	**Gói riêng ra giúm.** 거이 지엥 사 지움 Please wrap these individually.
리본으로 묶어 주세요.	**Gắn dây nơ giúm.** 간 저이 너 지움 Could you put some ribbons?
깨지지 않게 포장 해주세요.	**Gói lại cẩn thận để tránh bị vỡ.** 거이 라이 꺼언 턴 데 짜잉 비 버 Could you wrap it not to break?

66

6 주고받는 대화 형식으로 내용을 파악할 수 있습니다.

실제 대화 내용을 적어놓기 때문에 어떻게 대화를 주고받으면 좋을지를 알 수 있습니다.

얼마예요?
Bao nhiêu?
바오 니 에우

6개 사신다면 합인해서10만 동이에요.
Nếu mua sáu cái thì bớt còn một trăm nghìn đồng.
네우 무아 싸우 까이 티 벗 꼰 못 짬 응인 동

안녕하세요.
Xin chào.
신 짜오

어서오세요.
Xin mời.
씬 머이

일러스트 & 사진 단어

잘 모르는 경우 손가락을 짚거나, 상대도 짚어서 소통할 수 있는 일러스트나 사진이 많이 들어 있습니다. 각 상황에서 필요한 단어를 바꿔서 사용해도 좋습니다.

※ ● = 한국어를 나타냅니다.

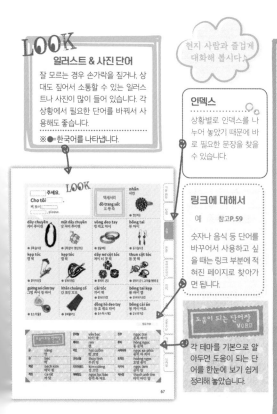

현지 사람과 즐겁게
대화해 봅시다♪

인덱스

상황별로 인덱스를 나누어 놓았기 때문에 바로 필요한 문장을 찾을 수 있습니다.

링크에 대해서

예 참고P.59

숫자나 음식 등 단어를 바꿔서 사용하고 싶을 때는 링크 부분에 적혀진 페이지로 찾아가면 됩니다.

도움이 되는 단어장
WORD

각 테마를 기본으로 알아두면 도움이 되는 단어를 한눈에 보기 쉽게 정리해 놓았습니다.

회화 수첩으로 적극적으로 현지 사람들과 의사소통해 보는 방법!

비결 1
책의 가장 앞부분에 나오는 인사나 기본 문장을 사전에 외워둡시다.

간단한 인사나 기본이 되는 문장을 외워 두면 유사시에 편리합니다.
P.10

비결 2
사진과 일러스트 단어를 상대방에게 보여주며 의사 전달합니다.

하고 싶은 말이 잘 전달되지 않을 때에는 사진이나 일러스트를 보여서 본인의 의사를 전달해 봅시다.
P.28, 61, 86

비결 3
한국문화를 소개하고 적극적으로 커뮤니케이션합니다.

해외에는 한국문화에 관심 있는 사람도 많아요. 자기 나라에 대해서 소개할 수 있다면 대화도 해 봐요.
P.146

발음에 대해

다양한 문장 표현과 단어에 한국어로 표기를 덧붙였습니다. 그대로 읽으면 현지에서 알아들을 수 있을 정도의 비슷한 발음으로 적어 두었으니, 적극적으로 소리 내어 말해 보세요.

● 베트남어 발음은?

베트남어는 로마자에 따른 알파벳(F, J, W, Z 제외)과 특수한 부호가 있는 Ă·Â·Đ·Ê·Ô·Ơ·Ư 총 29개의 문자를 사용합니다. 기본적으로 로마자 읽는 법으로 읽지만, 6개의 성조 구별에 주의해야 합니다. 표기는 같아도 성조가 다르면 의미도 바뀌기 때문입니다. 예를 들면, ma는 '귀신'이라는 의미로, a는 제1성조(보통의 음의 높이에서 평탄하게 발음)입니다. mà는 '그러나'라는 의미로, à는 제2성조(저음에서 약간 내려가는 느낌으로 발음)입니다. 이 외에 má '좁다'(제3성조), mả '기초'(제4성조), mã '말'(제5성조), mạ '피리'(제6성조)가 있습니다.

베트남어 문법은 → P.154 로

Contents

상황별 대화는 6가지 분야로 소개하고 있습니다.

 맛집　 쇼핑　 관광　 엔터테인먼트　 뷰티　 호텔

베트남은 이런 곳입니다.

맛집 탐방과 쇼핑, 멋진 번화가의 모습 …
베트남은 많은 사람들을 매료시킵니다.

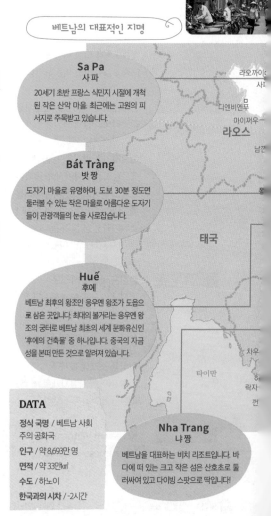

베트남의 기본 정보

Q 사용하는 언어는?

A 베트남어입니다.

베트남어는 6개의 성조를 나타내는 '타잉 디에우'라고 불리는 알파벳을 사용해 표기합니다.

Q 화폐는?

A 동(VND)입니다.

US달러도 통용하고 있지만 현지에서는 사용할 수 없습니다.

Q 추천하는 여행 시즌은?

A 지역에 따라 다릅니다.

남부 호찌민이라면 11~4월(건기), 중부라면 1~8월(건기), 북부 하노이라면 10~12월(추울 때)이 가장 좋은 시즌입니다.

베트남의 매너를 알아봅시다.

· 그릇에 입을 대고 먹지 않아요.
그릇에 입을 대고 국물을 마시거나 하는 행위는 안 좋은 것으로 여겨집니다.

· 연장자를 공경합시다.
베트남은 연장자를 공경하는 나라입니다. 연장자와 식사를 할 때는 먼저 연장자가 젓가락을 들면 그 후에 먹기 시작합니다.

· 촬영 장소나 언행에 주의
군사 시설이나 사원 등 촬영이 금지되어 있는 장소가 있습니다. 또 공안(경찰) 감시 체제가 삼엄하기 때문에 정치 체제나 국가 사정에 대해 부정적인 언행은 피하는 것이 좋습니다.

> 베트남의 대표적인 지명

Sa Pa
사 파

20세기 초반 프랑스 식민지 시절에 개척된 작은 산악 마을. 최근에는 고원의 피서지로 주목받고 있습니다.

Bát Tràng
밧 짱

도자기 마을로 유명하며, 도보 30분 정도면 둘러볼 수 있는 작은 마을로 아름다운 도자기들이 관광객들의 눈을 사로잡습니다.

Huế
후에

베트남 최후의 왕조인 응우옌 왕조가 도읍으로 삼은 곳입니다. 최대의 볼거리는 응우옌 왕조의 궁터로 베트남 최초의 세계 문화유산인 '후에의 건축물' 중 하나입니다. 중국의 자금성을 본떠 만든 것으로 알려져 있습니다.

Nha Trang
냐 짱

베트남을 대표하는 비치 리조트입니다. 바다에 떠 있는 크고 작은 섬은 산호초로 둘러싸여 있고 다이빙 스팟으로 딱입니다!

라오까이

사

디엔비엔푸

마이쩌우

라오스

남딘

퐁

태국

차우

타이만

동

락자

껀

DATA

정식 국명 / 베트남 사회주의 공화국

인구 / 약 8,693만 명

면적 / 약 33만km²

수도 / 하노이

한국과의 시차 / -2시간

그 외의 관광지 WORD

인민위원회청사	하롱만
Tòa nhà ủy ban nhân dân 또아 냐 우이 반 년 전	Vịnh Hạ Long 방 하 렁

뗏(베트남의 설날)에 주의

베트남인의 귀성길이나 여행으로 인해 교통수단이 복잡해지는 때이므로 지방에서 여행하는 것을 피하는 것이 좋습니다. 뗏 이틀 전부터 3일간 공휴일로 지정되어 있어 문을 닫는 상점들도 많습니다.

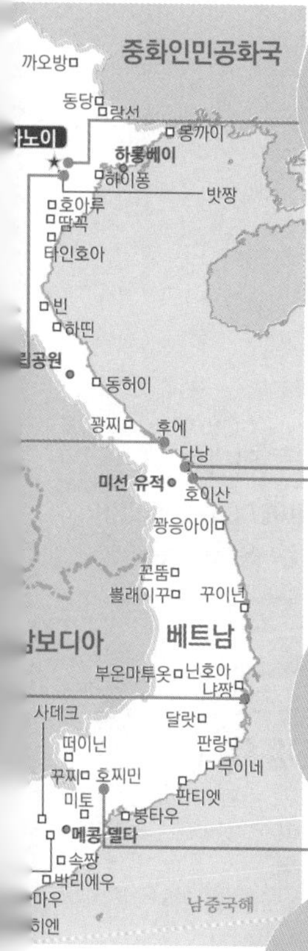

까오방
중화인민공화국
동당
랑선
하노이
몽까이
하롱베이
하이퐁
밧짱
호아루
땀꼭
타인호아
빈
하띤
동허이
꽝찌
후에
다낭
미선 유적
호이안
꽝응아이
꼰뚬
쁠래이꾸
꾸이년
베트남
부온마투옷
닌호아
냐짱
사데크
달랏
떠이닌
판랑
꾸찌
호찌민
무이네
미토
판티엣
붕타우
메콩 델타
속짱
박리에우
남중국해

Hà Nội
하 노이

베트남의 수도. 길이 뒤얽힌 구시가지의 옛 향기가 남아 있는 길거리가 인상적입니다. 흔히 아는 베트남스러운 분위기를 느낄 수 있습니다.

Đà Nẵng
다 낭

오래전부터 국제 무역항으로서 번성했던 베트남 제4의 도시. 선짜반도를 따라 해변 리조트가 개발되어 있습니다.

Hội An
호이 안

왕년에는 교역의 중심지로 번성했으며, 쇄국 이후 화교들이 살기 시작해 중국식 건축물이 많이 남아 있고 이국적인 길거리가 펼쳐진 곳입니다.

Hồ Chí Minh
호찌민

베트남의 근대 도시로, 그중에도 동코이 거리는 베트남 최고의 맛집이 많고 쇼핑도 즐길 수 있어서 관광객이 선호하는 곳입니다. 곳곳에 보이는 옛 프랑스풍 건축물이 눈길을 끕니다.

원포인트

지명을 사용해 말해 봅시다.

[ ] ~에 가고 싶어요.
Muốn đi tới [ ].
무온 디 떠이 [ ]

목적지를 전달할 때는 지명을 확실하게 이야기해요.

너 어디서 태어났어?
Bạn sinh ra ở đâu?
반 씽 자 어어 더우↗

나 [ ] ~에서 태어났어.
Tôi sinh ra ở [ ].
또이 씽 자 어어 [ ]

현지인과 적극적으로 커뮤니케이션을 해 보세요.

먼저 인사부터 시작해 봅시다.

커뮤니케이션의 시작은 인사부터!
먼저 기본적인 인사 표현을 알고, 적극적으로 사용하는 것부터 시작해 봐요.

안녕하세요. / 안녕 친구야.
Xin chào. / Chào bạn.
씬 짜오 / 짜오 반
Hello.

안녕히 계세요. / 안녕(헤어질 때).
Xin tạm biệt. / Tạm biệt nhé.
씬 땀 비엣 / 땀 비엣 네
Good bye. / Bye.

네. / 아니요.
Vâng, dạ. / Không.
벙 자 / 콤
Yes. / No.

좋은 하루 되세요
Chúc một ngày tốt lành.
쭉 못 응아이 똣 라잉
Have a nice day.

감사합니다.
Cám ơn.
깜 언
Thank you.

천만에요.
Không có gì.
콤 꺼 지
You are welcome.

또 봐요! / 내일 봐요.
Hẹn gặp lại nhé! / Hẹn ngày mai.
핸 갑 라이 네 / 핸 응아이 마이
Bye! / See you tomorrow.

인사와 관련된 포인트

베트남 인사 표현에는 아침, 점심, 저녁 모두 똑같이 chào를 쓰지만 상대가 동년배의 남자라면 뒤에 인칭 대명사인 anh(아인)을 붙여 'Chào anh.'이라고 말합니다. 또 상대가 동년배의 여자라면 chị(찌), 친한 친구라면 bạn(반)을 붙여 말합니다 (인칭 대명사 →P.155). 앞에 xin을 붙이면 정중한 인사가 됩니다.

만나서 반갑습니다. 제 이름은 <u>김민수</u>입니다.
Xin chào. Tôi tên là Kim Minsu.
씬   짜오   또이 땐   라 김민수
Nice to meet you. I'm Kim Minsu.

만나서 반가워요.
Rất vui được gặp chị.
젓   부이 드억   갑   찌
I'm glad to see you.

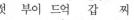

당신은 한국에서 오셨습니까?
Chị đến từ Hàn Quốc?
찌 덴 뜨한   꾸옥 아
Are you from Korea?

네, 서울에서 왔습니다.
Vâng, tôi đến từ Seoul.
벙   또이 덴 뜨 써울
Yes, I'm from Seoul.

실례합니다.
Xin lỗi.
씬 로이
Excuse me.

네, 무슨 일이세요?
Có chuyện gì?
꺼 쭈옌   지
Pardon?

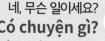

11

알아 두면 편리한 문장들을 모아 봤어요.

여행지에서 자주 쓰이는 간단한 문장 표현을 모았습니다.
이것만으로도 의사소통의 폭이 확 넓어진답니다.

여행 전에 외워 두면
편해요!

시간이 얼마나 걸리나요?
Mất khoảng bao nhiêu thời gian?
멋 코왕 바오 니에우 터이 쟌
How long does it take?

얼마입니까?
Bao nhiêu à?
바오 니에우 아
How much is it?

네, 부탁드려요. / 아니요, 괜찮아요.
Vâng, xin nhờ. / Không, không cần đâu.
벙 씬 녀 / 콤, 콤 껀 더우
Yes, please. / No, thank you.

이것은 무엇입니까?
Cái này là cái gì?
까이 나이 라 까이 지
What is this?

이해하지 못했습니다.
Không hiểu.
콤 히에우
I don't understand.

모르겠습니다.
Không biết.
콤 비엣
I don't know.

다시 한번 말씀해 주시겠습니까?
Xin nói lại một lần nữa.
씬 너이 라이 못 런 느아
Please repeat that again.

12

관광

맛집

쇼핑

엔터테인먼트

뷰티

호텔

교통수단

기본정보

단어장

조금만 천천히 말씀해 주시겠어요?
Có thể nói chậm lại một chút được không ạ?
꺼 테에 너이 쩜 라이 못 쭛 드억 콤 아
Could you speak more slowly?

말씀하신 것들을 이 종이에 써 주실 수 있나요?
Có thể viết những điều bạn vừa nói không ạ?
꺼 테에 비엣 느응 디에우 반 브아 너이 콤 아
Could you write down what you said?

한국어[영어]를 할 수 있는 사람이 있나요?
Có ai nói được tiếng Hàn[tiếng Anh] không?
꺼 아이 너이 드억 띠엥 한[띠엥 아잉] 콤
Is there anyone who speaks Korean[English]?

정말 좋아요. / 나쁘지 않아요.
Rất tốt. / Tạm được.
젓 똣 / 땀 드억
It's very good./It's not bad.

당연하죠. / 오케이 . / 아니요.
Được. / OK. / Không được.
드억 / 오께 / 콤 드억
Sure. / OK. / No.

실례합니다.
Xin lỗi.
씬 로이
Excuse me.

죄송합니다.
Xin lỗi.
씬 로이
I'm sorry.

저예요. / 당신이에요.
Tôi ạ. / Anh[Chị] ạ.
또이 아 / 아잉(남성)[찌(여성)] 아
It's me. / It's you.

이걸로 부탁드려요.
Cho tôi cái này đi.
쩌 또이 까이 나이 디
I'll take this.

언제? / 누구? / 어디서? / 왜?
Lúc nào? / Ai? / Ở đâu? / Tại sao?
룩 나오 / 아이 / 어어 더우? / 따이 싸오?
When? / Who? / Where? / Why?

13

알아 두면 편리한 문장들을 모아 봤어요.

부탁드려요.

Cho tôi [　　　　].
쩌　　또이
[　　　　], please.

Point Cho tôi ~.은 원하는 것이 있을 때 상대방에게 부탁하는 표현입니다. 빈칸에 '물건'이나 '서비스'를 넣어 써 봅시다. 원하는 물건을 받았거나 뭔가 호의를 받았을 때는 Cám ơn.이라고 한마디하는 것을 잊지 않기.

커피	차	콜라
cà phê 까 페 coffee	**trà đen** 짜 댄 tea	**coca** 꼬까 coke

생수	맥주	레드 와인
nước suối 느억 쑤오이 mineral water	**bia** 비아 beer	**rượu vang đỏ** 즈어우 방 더어 red wine

소고기	생선	스프링롤
thịt bò 팃 버 beef	**cá** 까 fish	**gỏi cuốn** 거이 꾸온 spring roll

쌀국수	메뉴	지도
phở 퍼어 pho	**thực đơn** 특 던 menu	**bản đồ** 반 도 map

상점에서 큰 도움이 되는 표현들입니다. 단어를 적용해 써 보세요.

	팸플릿	영수증
	tờ quảng cáo 떠 꾸앙 까오 brochure	**hóa đơn** 화 던 reciept

해도 되나요?

Tôi có thể [ ] được không ạ?

또이 꺼 태애 [ ] 드억 콤 아

Can I [ ] ?

Point Tôi có thể ~ được không ạ? 는 '~해도 좋을까요?' 라는 표현으로 상대방에게 허락을 구할 때 쓰거나 '~가능합니까'라고 물어보는 표현입니다. 빈칸에 자신이 하고 싶은 것을 넣어 말해 봅시다. 상대방은 주로 Vâng. 이나 Không. 이라고 답합니다

사진을 찍다
chụp ảnh
쭙 아잉
take a picture

화장실을 가다
đi vệ sinh
디 베 씽
go to a restroom

주문하다
gọi món
거이 먼
order

여기에 앉다
ngồi đây
응오이 더이
sit here

창문을 열다
mở cửa
머어 끄아
open the window

예약하다
đặt trước
닷 쯔억
make a reservation

체크인 하다
nhận phòng
년 펌
check in

그곳에 가다
đi đến đó
디 덴 더
go there

여기에 머물다
ở đây
어어 더이
stay here

전화기를 사용하다
dùng điện thoại
줌 디엔 토와이
use a phone

나중에 전화하다
lát nữa tôi sẽ điện
랏 느아 또이 쎄 디엔
call later

쿠폰을 사용하다
dùng phiếu giảm giá
줌 피에우 지암 지아
use a coupon

거기로 걸어가다
đi bộ đến đó
디 보 덴 더
walk there

관광지에서 "사진을 찍어도 될까요?" 라고 물어보세요.

여기서 결제하다
trả ở đây
짜아 어어 더이
pay here

15

알아 두면 편리한 문장들을 모아 봤어요.

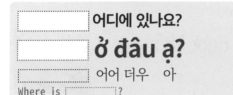 어디에 있나요?

ở đâu ạ?

어어 더우 아

Where is [_____]?

Point ~ ở đâu ạ? 는 '장소' 등을 물을 때 쓰는 표현입니다. 어딘가에 가고 싶을 때나 찾고 싶은 물건이 있을 때 사용합니다. [_____] 에 장소, 물건, 사람 등을 넣어서 물어보면 됩니다.

이 레스토랑
nhà hàng này
냐 항 나이
this restaurant

화장실
nhà vệ sinh
냐 베 씽
a restroom

역
nhà ga
냐 가
a station

매표소
quầy bán vé
꿔이 반 베
a ticket booth

나의 좌석
chỗ của tôi
쪼오 꾸아 또이
my seat

편의점
cửa hàng tiện lợi
끄아 항 띠엔 러이
a convenience store

여행사
trung tâm hướng dẫn du lịch
쭝 떰 흐엉 저언 주 릭
a tourist center

에스컬레이터
thang cuốn
탕 꾸온
an escalator

엘리베이터
thang máy
탕 마이
an elevator

계단
cầu thang
꺼우 탕
stairs

카페
quán cà phê
꾸안 까 페
a cafe

은행
ngân hàng
응언 항
a bank

길을 걷다가 건물 안으로 들어가기 전까지 폭넓게 쓸 수 있는 표현 입니다.

우체국
bưu điện
브우 디엔
a post office

경찰서
cảnh sát
까잉 쌋
a police station

16

있나요?

Có ☐ không ạ?
꺼 ☐ 콤 아

Do you have ☐?

Point Có ~ không ạ? 는 '~은/는 있습니까?' 라고 물을 때 쓰는 표현입니다. ☐에 제품이나 물건, 요리 등을 넣어서 사용합니다. 가게에서 자신이 원하는 물건을 팔고 있는지 물을 때 사용하세요.

약
thuốc
투옥
medicines

우유
sữa bò
쓰아 버
milk

잡지
tạp chí
땁 찌
magazine

초콜릿
sô cô la
쑈 꼴 라
chocolate

변압기
biến áp
비엔 압
transformer

버터
bơ
버
butter

잼
mứt
믓
jam

케첩
sốt cà chua
쏫 까 쭈아
ketchup

소금
muối
무오이
salt

후추
tiêu
띠에우
pepper

냅킨
giấy ăn
지어이 안
paper napkins

배터리
pin
삔
batteries

복사기
máy phôtô
마이 포또
a copy machine

생리대는
băng vệ sinh
방 베 씽
이라고 합니다

가위
kéo
께오
scissors

17

알아 두면 편리한 문장들을 모아 봤어요 .

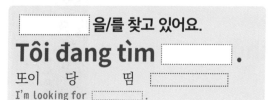   을/를 찾고 있어요.

Tôi đang tìm   .

또이   당   띰

I'm looking for   .

Point Tôi đang tìm ~. 는 '~을/를 찾고 있습니다'라고 상대방에게 전하는 표현입니다.
'잃어버린 물건', '사고 싶은 물건', '찾는 물건'을 말하고 싶을 때 사용합니다.

내 지갑
ví của tôi
비 꾸아 또이
my wallet

내 여권
hộ chiếu của tôi
호 찌우 꾸아 또이
my passport

내 카메라
máy ảnh của tôi
마이 아잉 꾸앙 또이
my camera

내 표
vé của tôi
베 꾸아 또이
my ticket

내 친구
bạn của tôi
반 꾸아 또이
my friend

내 핸드폰
điện thoại di động của tôi
디엔 토아이 지 돔 꾸아 또이
my cellphone

티셔츠
áo thun
아오 툰
T-shirt

구두
giày
지아이
shoes

가방
túi
뚜이
bag

손목시계
đồng hồ đeo tay
돔 호 데오 따이
watch

화장품
mỹ phẩm
미이 퍼엄
cosmetics

아스피린
thuốc aspirin
투옥 아스삐린
an aspirin

사람을 찾을 때도
쓰입니다.

생수
nước suối
느억 쑤오이
mineral water

변압기
biến áp
비엔 압
transformer

18

[_____] 해 주실 수 있나요?

Làm ơn [_____].
람   언   [_____]

Could you [_____] ?

Point Làm ơn~. 는 ' 괜찮으시면 ~ 해 주실 수 있을까요?'라고 정중하게 상대방에게 전하는 표현입니다. [_____]에 '상대방이 해 주었으면 하는 것'을 넣어 씁니다.

부탁을 들어주다
phiền một chút
피엔 못 쭛
do me a favor

도와주다
giúp đỡ
지웁 더어
help me

다시 말하다
nói lại một lần nữa
너이 라이 못 런 느아
say that again

좀 더 천천히 말하다
nói từ từ
너이 뜨 뜨
speak more slowly

말한 것을 쓰다
viết lại lời vừa nói
비엣 라이 러이 브아 너이
write down what you said

택시를 부르다
gọi taxi
거이 딱씨
call me a taxi

길을 알려 주다
chỉ đường
찌이 드엉
show me the way

담요를 주다
cho tôi cái chăn
쩌 또이 까이 짠
give me a blanket

의사를 부르다
gọi bác sĩ
거이 빡 씨이
call for a doctor

잠시 기다리다
chờ một tí
쩌 못 띠
wait a minute

찾다
tìm
띰
look for it

주변을 안내하다
hướng dẫn
흐엉 저언
show me around

짐을 옮기다
chuyển hành lý
쭈옌 하잉 리
carry the luggage

상대방에게 무언가 부탁할 때 쓰는 표현입니다.

주소를 말해 주다
cho biết địa chỉ liên lạc
쩌 비엣 디아 찌 리엔 락
tell me your address

현지인에게 내 마음을 전달해 봅시다.

베트남어의 말씨

베트남어 표현들을 외우는 것은 조금 어려운 일이지만, 감정을 바로 전달할 수 있는 한마디를 사전에 알아 둔다면 현지에서 마치 죽마고우를 만난 듯 쉽게 친해질 수 있습니다.

언제든지 사용할 수 있는 인사말은…

Xin chào! 씬 짜오
안녕하세요!

아침, 점심, 저녁 시간대를 불문하고 사용합니다. 또 '잘 가라'는 의미도 가지고 있습니다.

즐거운 가분을 표현하고 싶다면…

Vui quá! 부이 꾸아
진짜 즐겁다!

quá 는 '매우'라는 의미로 유용한 표현입니다.

'힘들겠다!'라는 표현을 전하고 싶을 때…

Chết rồi! 쪧 조이
죽었어.

'저런', '어떡해'라는 의미로도 쓰입니다.

친해진 친구에게…

Hẹn gặp lại!
핸 갑 라이
다시 만나요!

hẹn(약속)+gặp(만나다) +lại(다시)의 구조로, 헤어질 때 하는 인사입니다.

멋진 사람을 발견했을 때…

Đẹp trai! 뎁 짜이
잘생겼다!

남자에게 쓰는 표현. 여자나 물건은 '귀엽다', '예쁘다'라고 표현할 때는 Đẹp!(뎁)이라고 합니다.

그 외에도…

Tôi có người yêu.
또이 꺼 응어이 예우
저 사랑하는 사람 있어요.

길거리에서 헌팅을 당했을 때 거절하는 표현으로 사용합니다.

베트남 사람은 상대가 초면일 때도 '몇 살?', '결혼했어?', '아이는?', '연봉은?'과 같이 대답하기 불편한 질문을 합니다. 이것은 '당신에 대한 것을 알고 더 친해지고 싶어'라는 의미의 베트남식 커뮤니케이션입니다.

커뮤니케이션의 핵심을 알아 두세요.

원활한 의사소통에 필요한 것은 단순히 언어 지식만은 아닙니다.
그 나라의 문화와 사고방식, 행동의 배경을 아는 것이 가장 중요합니다.

모르는 것이 있을 때 애매한 웃음이나 적당한 미소를 보이면 베트남 사람들은 전혀 알아듣지 못합니다. '네, 아니오'로 의사를 확실하게 밝힙시다.

이야기를 하면서 고개를 끄덕이는 행동은 하지 않는 것이 좋습니다. 상대방의 말에 무조건적으로 납득하고 있다는 의미가 될 수 있어요.

베트남에서는 연장자를 공경합니다. 상대의 연령이 한 살이라도 더 많다면 상대를 높여야 합니다. 상대방의 나이가 자신보다 아래인지 모를 경우에는 먼저 정중하게 대합시다.

상대방에게 경계심을 푸는 것 또한 하나의 포인트. 친근한 말 한마디는 원활한 커뮤니케이션의 시작입니다.

이런 상황에서
실제로 사용해 봅시다.

여행지에서는 여러 가지 상황에 마주치게 됩니다.

맛있는 요리를 먹고 만족하거나, 쇼핑 중 눈에 들어온 아이템을 사거나 할 것입니다.

또는, 길을 잃어버리거나, 물건을 잃어버리게 되는 경우도 있을지 모릅니다.

좋은 추억을 만들기 위해서 유사시에

여러분에게 도움을 줄 수 있는 것은 현지인들과의 회화입니다.

현지 사람들과 적극적으로 의사소통을 하면서,

여행을 보다 풍부하고 재미있게 만들어 봅시다.

즐기다
giải trí
지아이 찌

쇼핑하다
mua sắm
무아 샴

음식
ẩm thực
어엄 특

여행지
điểm đến du lịch
디엠 덴 주 릭

베트남 맛집 탐방, 맛있게 먹기 위해서 제대로 준비해야죠.

베트남 여행의 즐거움 중 하나는 맛있는 베트남 요리를 맛보는 것이죠.
소문으로만 듣던 인기 맛집을 가고 싶다면 꼭 사전에 예약을 해 둡시다.

먼저 예약해 봅시다

여보세요, 음식점 만다린 맞나요?

Alo, có phải nhà hàng Mandarine không?
알로 꺼 파이 냐 항 만다린 콤?
Hello, is this Mandarin?

전화 주셔서 감사합니다. 만다린 맞습니다. 듣고 있습니다.

Xin cám ơn đã gọi điện thoại. Cho Mandarine. Tôi xin nghe.
씬 깜 언 다아 거이 디엔 토와이 쩌 만다린 또이 씬 응예
Thank you for calling. This is Mandarin. How can I help you?

오늘 저녁 6시 4명 좌석을 예약 하고 싶어요.

Tôi muốn đặt chỗ cho bốn người vào sáu giờ tối nay.
또이 무온 닷 쪼오 쩌 본 응어이 바오 싸우 져 또이 나이
I'd like to make a six o'clock reservation for four.

참고 P.150
참고 P.152

네. 저희가 미리 준비해 두겠습니다.

Vâng ạ. Chúng tôi sẽ chuẩn bị chỗ trước ạ.
벙 아쫑 또이 쎄에 쭈원 비 쪼오 쯔억 아
We'll have a table ready for you then.

죄송합니다. 그 시각은 자리가 없네요.

Xin lỗi. Vào giờ đó thì đã hết chỗ rồi.
씬 로이 바오 져 더 티 다아 헷 쪼오 조이
I'm sorry. We have no open table at that time.

그러면 몇 시에 예약할 수 있나요?

Vậy thì có thể đặt vào mấy giờ được?
버이 티 꺼 테에 닷 바오 머이 져 드억
For what time can we reserve a table?

6시 반에 예약 가능하십니다.

Có thể đặt được vào sáu giờ ba mươi phút ạ.
꺼 테에 닷 드억 바오 싸우 져 바 므어이 풋 아
You can make a reservation at six thirty.

참고 P.152

성함을 알 수 있을까요?

Xin cho biết tên ạ.
씬 쩌 비엣 땐 아
Can I have your name, please?

제 이름은 김민수예요.

Tôi tên là Kim Minsu.
또이 땐 라 김민수
I'm Kim Minsu.

금연인 좌석 [흡연 가능한 좌석]으로 주세요.

Lấy cho tôi chỗ cấm hút thuốc [hút thuốc] nhé.
레이 쩌 또이 쪼오 껌 훗 투옥 [훗 투옥] 녜
Non-smoking [Smoking] table, please.

22

다 같이 앉게 해 주세요.	**Lấy chỗ cho tất cả ngồi cùng nhau.** 레이 쪼오 쩌 땃 까아 응오이 꿈 냐우 We'd like to be on the same table.
창문 근처 자리로 주세요.	**Lấy cho tôi chỗ ngồi bên cửa sổ.** 레이 쩌 또이 쪼오 응오이 벤 끄아 쑈오 We'd like to have a table near the window.
드레스 코드가 있나요?	**Có quy định về trang phục không?** 꺼 뀌 딩 베 짱 푹 콤 Do you have a dress code?
예약을 변경하고 싶어요.	**Tôi muốn thay đổi đặt chỗ.** 또이 무온 타이 도이 닷 쪼오 I'd like to change the reservation.
예약을 취소하고 싶어요.	**Tôi muốn hủy đặt chỗ.** 또이 무온 휘이 닷 쪼오 I'd like to cancel the reservation.
예약한 시간보다 더 늦게 갈 수도 있을 것 같네요.	**Có thể tôi sẽ đến trễ hơn so với giờ đã đặt.** 꺼 테에 또이 쎄에 덴 쩨에 헌 쏘 버이 져 다아 닷 We're running late.

원포인트 메뉴 읽는 방법

베트남 요리의 메뉴는 소개 이름이나 조리 방법(→ p.33), 맛을 내는 조합이 요리 이름에 들어있는 경우가 많으므로 자신이 먹고 싶은 음식의 베트남어를 외워 두고 메뉴에서 찾아보는 것도 또 다른 즐거움입니다.

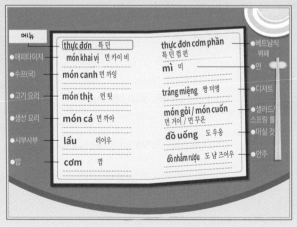

기본 회화
맛집
쇼핑
관광
엔터테인먼트
뷰티
호텔
교통수단
기본 정보
단어장

23

베트남 최고의 요리를 맛봅시다.

그 지역의 기후나 관습을 느낄 수 있는 향토 요리는 그 지역에서 맛보는 것이 최고!
현지에서만 맛볼 수 있는 요리를 이것저것 먹어 봅시다.

식당에 들어설 때

어서오세요.
Xin mời.
씬 머이

빈자리가 있나요?

Có chỗ trống không?
꺼 쪼오 쫑   콤
Do you have a seat?

죄송합니다.
자리가 없네요.

Xin lỗi, hết chỗ rồi.
씬 로이 헷 쪼오 조이
I'm sorry. All the tables are occupied.

얼마나 기다려야 하나요?

Phải chờ bao lâu ạ?
파이 쩌   바오 러우 아
How long do I have to wait?

30분이요.

Ba mươi phút.
바 므어이 풋
Thirty minutes.

참고 P.150   참고 P.152

기다릴게요. /
다음에 올게요.

Vậy thì chờ nhé. / Để lúc khác.
버이 티 쩌 녜 / 데에룩 각
OK, we'll wait. / We'll come back again.

메뉴판 좀 보여 주세요.

Cho tôi xem thực đơn.
쩌 또이 쌤   특 던
Can I see the menu?

어떤 음식이 맛있나요?

Món nào ngon?
먼   나오 응언
What do you recommend?

주문 부탁드립니다.
Gọi món nhé.
거이 먼 녜

이 지역만의 음식이 있나
요?

Có món ăn đặc sản không?
꺼 먼   안 닥 싸안 콤
Do you have any local food?

쌀국수랑 반쎄오 주세요.

Cho tôi phở bò và bánh xèo.
쩌 또이 퍼어 버 바 바잉 쎄오
I'd like pho bo and banh xeo.

참고 P.28

같이 먹을 거예요.

Tôi muốn ăn chung.
또이 무온 안 쭝
We'll share this dish.

24

주문한 음식 취소할 수 있나요?

Tôi có thể hủy món đã gọi được không?
또이 꺼 테에 휘이 먼 다아 거이 드억 콤
Can I cancel my order?

죄송한데 주문한 음식 변경할 수 있나요?

Xin lỗi, cho tôi thay đổi món đã gọi.
씬 로이 쩌 또이 타이 도이 먼 다아 거이
Can you change my order, please?

식사 중에

모두 드세요.
Mời mọi người ăn.
머이 머이 응어이 안

이 음식 어떻게 먹나요?

Món này ăn như thế nào?
먼 나이 안 느 테 나오
Could you tell me how to eat this?

죄송한데 <u>젓가락</u>이 없어요.

Xin lỗi, không có đũa.
씬 로이 콤   꺼 두아
Excuse me, I didn't get chopsticks.

숟가락을[포크를] 떨어 뜨렸어요.

Tôi rơi mất muỗng[nĩa] rồi.
또이 저이 멋 무옹[니아] 조이
I dropped my spoon [fork].

<u>연잎</u> 차 한 잔 주세요.

Cho tôi một ly trà sen.
쩌 또이 못 리 짜 쎈
A lotus tea, please.

아마도 이 음식 덜 익은 것 같아요.

Hình như món ăn này chưa được chín.
힝 느 먼 안 나이 쯔아 드억 찐
This dish is rather raw.

잔이 더럽네요. 다른 걸로 바꿔 주세요.

Cái cốc này bẩn quá. Đổi cái khác đi.
까이 꼭 나이 버언 꾸아. 도이 까이 칵   디
My glass is dirty. I'd like another one.

테이블 좀 정리해 주세요.

Xin dọn bàn ăn giùm.
씬 전 반 안 지움
Can you clear the table?

국물을 쏟았어요.

Tôi làm đổ nước canh rồi.
또이 람 도오 느억 까잉 조이
I spilled my soup.

여기 좀 닦아 주실 수 있나요?

Lau chỗ này giùm được không?
라우 쪼오 나이 지움 드억 콤
Could you wipe here, please?

베트남 최고의 요리를 맛봅시다.

디저트를 맛보고 싶다면

디저트 메뉴 좀 보여 주세요.

Cho tôi xem thực đơn món tráng miệng.
쩌 또이 쌤 특 던 먼 짱   미엥
Can I have a dessert menu?

어떤 디저트가 맛있나요?

Món tráng miệng nào ngon?
먼 짱 미엥 나오 응언
Which dessert do you recommend?

코코넛 아이스크림 주세요.

Cho tôi kem dừa.
쩌 또이 껨 즈아
A coconut ice cream, please.

아직 다 안 먹었어요.

Chưa ăn xong.
쯔아 안 쏨
I've not finished yet.

커피 한 잔 더 주세요.

Cho tôi thêm một ly cà phê.
쩌 또이템 못 리 까 페
I'd like another cup of coffee, please.

계산할 때

계산해 주세요.

Tính tiền.
띵 띠엔
Check, please.

즐거운 식사였어요.
감사합니다.

Tôi đã có một bữa cơm rất vui. Xin cám ơn.
또이 다아 꺼 못 브아 껌 젓 부이. 씬 깜 언
I really enjoyed my stay. Thank you.

전부 다 해서 얼마예요?

Tất cả là bao nhiêu tiền?
떳 까아 라 바오 니에우 띠엔
How much is the total?

이건 어떤 음식 가격이에요?

Đây là giá món gì?
데이 라 쟈 먼 지
What's this charge for?

맛있는 식사에 초대해 주셔서 감사합니다.
Xin cảm ơn mời bữa cơm rất ngon.
씬 깜 언 머이 브아 껌 젓 응언

아마 계산이 틀린 것 같아요.

Hình như tính sai rồi.
힝　느　띵　싸이 조이
I think the check is incorrect.

저 이 샐러드 안 시켰어요.

Tôi không gọi món gỏi này.
또이 콤　고이 먼　거어이 나이
I didn't order a salad.

다시 계산해 주실 수 있나요?

Tính lại giùm được không?
띵 라이 지움 드억 콤
Could you check it again?

제 방으로 계산해 주세요.

Tính vào tiền phòng luôn nhé.
띵　바오 띠엔 펑　루온 녜
Will you charge it to my room, please?

신용 카드로 계산할 수 있나요?

Có thể trả bằng thẻ tín dụng được không?
꺼 테에 짜아 방　테에 띤 줌　드억 콤
Do you accept credit cards?

여행자 수표로 낼게요.

Trả bằng séc du lịch.
짜아 방　쌕 주 릭
I'll pay by traveler's checks.

한마디 표현

이 음식 맛있네.
Món này ngon nhỉ.
먼　나이 응언 니이

매우 만족해.
Hài lòng lắm.
하이 렁 람

진짜 배부르다.
No lắm.
너 람

이 메뉴 포장 되나요?
Tôi có thể đem thức ăn về được không?
또이 꺼 테에 뎀　특 안 베 드억 콤

정말 맛있게 먹었어요.
Tôi đã ăn rất ngon.
또이 다아 안 젓 응언

이것 좀 치워 주세요.
Xin dọn cái này giùm.
씬　전　까이 나이 지움

영수증 주실 수 있나요?
Tôi xin hóa đơn được không?
또이 씬 화 던 드억 콤

LOOK

| 있습니까? |
| Có [ ] không ạ? |
| 꺼 [ ] 콤 아 |
| Do you have [ ] ? |

샐러드/애피타이저

gỏi / món khai vị
거어이/먼 타이 비

bông bí xào tỏi
봉 비 싸오 떠이

● 【염교 (줄기)와 마늘을 볶은 요리】

---

chả giò
짜아 져

● 【스프링 롤】

gỏi cuốn
거이 꾸온

● 【월남쌈】

miến xào hến
미엔 싸오 헨

● 【볶은 조개와 당면 요리】

gỏi đu đủ tôm
거이 두 두우 똠

● 【생 파파야와 새우】

---

nem chua
넴 쭈아

● 【베트남식 소시지】

bánh khọt
바잉 컷

● 【쌀가루 빵에 새우를 넣어 구운 음식】

gỏi ngó sen
거이 응어 쎈

● 【삶은돼지고기, 새우 등이 들어간 샐러드】

chạo tôm
짜오 똠

● 【사탕수수에 감싼 새우 튀김】

---

gỏi hoa chuối
거이 화 쭈오이

● 【생선과 바나나 꽃으로 만든 요리】

cuốn điệp
꾸온 디엡

● 【겨자말이】

gỏi bưởi
거이 브어이

● 【야채를 생 자몽과 섞은 요리】

rau muống xào tỏi
자우 무옹 싸오 떠이

● 【공심채 볶음】

---

bánh hoa hồng
바잉 화 홍

● 【장미 모양 떡】

chả cá
짜아 까

● 【베트남식 어묵】

xà lách hải sản
싸 락 하이 싸안

● 【해산물 샐러드】

gỏi cá
고이 카

● 【생선회】

생선 요리

món cá
먼 까

bánh tôm Hồ tây
바잉 똠 호 떠이

● 【민물 새우를 부친 요리】

lươn xào lăn
르언 싸오 란

● 【뱀장어 볶음】

tôm xú hấp nước dừa
똠 쑤 헙 느억 즈아

● 【새우를 코코넛 물에 찐 요리】

28

cá kho tộ
까 커 또

● 【생선 조림】

ốc nhồi thịt
옥 뇨이 팃

● 【우렁이 요리】

nghêu tay cầm
응예우 따이 껌

● 【뚝배기에 넣은 조개 요리】

lẩu hoa hải sản
러우 화 하이 싸안

● 【꽃과 해산물 샤부샤부】

tôm cuốn mì
똠 꾸온 미

● 【면에 안 새우 튀김】

tôm hùm
똠 훔

● 【로브스터】

tôm tích rang tỏi
똠 띡 장 떠이

● 【새우를 마늘과 볶은 요리】

ghẹ hấp
계 헙

● 【게찜】

tôm rang me
똠 장 메

● 【새우구이】

mực chiên giòn
믁 찌엔 지언

● 【오징어 튀김】

gỏi sò điệp
거이 셔 디엡

● 【가리비 구이】

tôm càng nướng
똠 깡 느엉

● 【익힌 새우】

bánh bột lọc
바잉 봇 럭

● 【새우, 돼지고기, 바싹을넣은타피오카반죽찜】

cá tai tượng
까 따이 뜨엉

● 【붕어 요리】

고기 요리
món thịt
먼 팃

cánh gà chiên bơ
까잉 가 찌엔 버

● 【버터 닭날개 요리】

gà quay
가 꾸와이

● 【치킨 구이】

bò kho
버 커

● 【소고기 장조림】

bò lúc lắc
버 룩락

● 【구운소고기, 오이, 상추등이들어간요리】

thịt kho trứng
팃 커 쯩

● 【장조림과 계란】

bò là lốt
버 라 롯

● 【잎으로 싼 소고기 요리】

thịt bò bít tết
팃 버 빗 뗏

● 【소고기 스테이크】

bò nhúng dấm
버 늉 점

● 【식초에 적신 소고기】

thịt nướng
팃 느엉

● 【구워 먹는 고기】

LOOK

| 부탁합니다. |
| Cho tôi [___]. |
| 쩌 또이 [___] |
| [___], please. |

vịt nướng vỏ quít
빗 느엉 버어 꾸윗

● 【귤로 만든 양념을 입힌 구운 오리】

gà xào mặn
가 싸오 만

● 【짭짤한 닭튀김】

sườn ram mặn
쓰언 잠 만

● 【짭짤한 갈비찜】

heo xiên nướng
헤오 씨엔 느엉

● 【구운 돼지고기 꼬치 요리】

면 요리
món mì
먼 미

phở gà
퍼어 가

● 【닭고기 쌀국수】

phở bò
퍼어 버

● 【소고기 쌀국수】

phở bò tái
퍼어 버 따이

● 【얇게 썬 소고기 쌀국수】

phở thập cẩm
퍼어 텁 꺼엄

● 【혼합 쌀국수】

bún bò Huế
분 버 훼
● 【후에식 소고기 쌀국수】

bún riêu
분 지에우

● 【게, 생선 등을 넣은 매운 국수】

hủ tiếu
후우 띠에우
남부의 명물. 쌀가루로 만든 평평한 면. 퍼보다 가늘고 쫄깃하다.
● 【순대 육수 등을 넣은 국수】

cao lầu
까오 러우
호이안 명물인 독특한 풍깃함이 있는 면. 국물이 진한편.
● 【까올라우】

phở nghêu
퍼어 응예우

● 【조개 쌀국수】

bún chả
분 짜아

● 【분짜】

hủ tiếu khô
후우 띠에우 코

● 【면, 돼지고기, 간, 심장, 메추리알, 채소 소스 등에 육수를 부어 먹는 음식】

bún thịt nướng
분 팃 느엉

● 【면과 양념한 구운 돼지고기에 소스를 뿌려 먹는 음식】

밥 요리
món cơm
먼 껌

cơm tay cầm
껌 따이 껌

● 【항아리에 넣은 밥】

cơm sen
껌 쎈

● 【연자밥】

cơm tấm
껌 떰

● 【다진 쌀로 만든 요리】

cơm chiên thập cẩm
껌 찌엔 텁 꺼엄

● 【베트남식 볶음밥】

30

수프(국물 요리)
món canh
먼 까잉

canh khoai mỡ
까잉 커아이 머어

● 【참마 수프】

canh chua cá
까잉 쭈아 까

● 【토마토와 생선이 들어간 국】

súp măng cua
쑵 망 꾸아

● 【게살 수프】

canh hải sản
까잉 하이 싸안
● 【해산물이 들어간 국】

그 외 다른 요리
những món ăn khác
느응 먼 안 칵

bánh xèo
바잉 쎄오

● 【숙주, 고기, 새우등을 계란으로 덮어 만든 요리】

bánh mì
바잉 미

● 【반미 샌드위치】

bánh khoái
바잉 코아이
후에 요리. 부드럽고 찰진 껍질로 속을 감쌌다.
● 【새우를 넣고 튀긴 요리】

bánh bèo
바잉 베오
● 【쌀가루로 만든 떡】

bánh tét
바잉 뗏
● 【콩 . 쌀로 만든 떡 】

hột vịt lộn
홋 빗 론
새끼 오리의 반숙란.

● 【부화 전 오리알을 삶은 음식】

디저트
tráng miệng
짱 미엥

kem
껨

● 【아이스크림】

chè
쩨
● 【쩨】

bánh su kem
바잉 쑤 껨
● 【프로피트롤 (슈크림 일종)】

sữa chua
쓰아 쭈아

● 【요구르트】

bánh cốm
바잉 꼼

● 【베트남 떡】

bánh ngọt dừa
바잉 응엇 즈아

● 【코코넛이 들어간 단 빵】

과일
trái cây
짜이 꺼이

khế
케
● 【스타푸르트】

sầu riêng
써우 지엥
● 【두리안】

vú sữa
부 쓰아

● 【스타애플】

thanh long
타잉 렁
● 【용과】

_____ 부탁합니다.

Cho tôi _____ .

쩌 또이 _____

_____ , please.

chôm chôm
쫌 쫌

● 【람부탄】

na
나

● 【아떼모야 (불두과)】

xoài
쏘아이

● 【망고】

mít
밋

● 【잭프루트】

măng cụt
망 꿋

● 【망고스틴】

nhãn
냐안

과육이 달고
수분이
한가득.

● 【용안】

đu đủ
두 두우

● 【파파야】

sơ ri
쎠 지

● 【아세로라】

mận
먼

달고 신 맛으로
자두와 비슷한
맛.

● 【자두】

bưởi
브어이

● 【자몽】

sapoche
싸뻐쩨

● 【사포테】

맥주 / 술
bia / rượu
비아 / 즈어우

ba ba ba (333)
바 바 바

● 【바바바 (바바) 맥주】

Tiger
타이거

● 【타이거 맥주】

Larue Export
라루 익쓰포트

● 【라루 맥주】

Saigon Special
싸이곤 스페셜

● 【사이공 맥주】

Huda
후다

● 【후다 맥주】

Hanoi
하노이

● 【하노이 맥주】

Nếp mới
넵 머이

● 【베트남 소주】

Lúa mới
누아 머이

● 【베트남 소주】

rượu vang
즈어우 방

● 【와인】

rượu cần
즈어우 껀

● 【단지에 담긴 술】

whisky 위스끼 ● 【위스키】	**재료** **nguyên liệu** 응우옌 리에우	**thịt bò** 팃 버 ● 【소고기】	**thịt heo** 팃 헤오 ● 【돼지고기】
cocktail 깍떼일 ● 【칵테일】		**thịt gà** 팃 가 ● 【닭고기】	**nghêu** 응예우 ● 【조개】
trứng 쯩 ● 【계란】	**tôm** 똠 ● 【새우】	**cua** 꾸아 ● 【게】	**bông hẹ** 봉 헤 ● 【염교 (줄기 포함)】
hến 헨 ● 【어패류】	**rau muống** 자우 무옹 ● 【공심채】	**giá** 쟈 ● 【콩나물】	**dưa chuột** 즈아 쭈옷 ● 【오이】
hành 하잉 ● 【파】	**xà lách** 싸 락 ● 【양상추】	**nấm** 넘 ● 【버섯】	**요리법** **cách chế biến** 까익 쩨 비엔
cà rốt 까 롯 ● 【당근】	**củ cải** 꾸우 까이 ● 【무】	**đậu phụ** 저우 푸 ● 【버섯】	
xào 싸오 ● 【볶다】	**nướng** 느엉 ● 【굽다】	**luộc** 루옥 ● 【데치다】	**chiên** 찌엔 ● 【튀기다】
rang 장 ● 【볶다】	**kho** 커 ● 【절이다】	**hấp** 헙 ● 【찌다】	**trộn** 쫀 ● 【섞다】
양념 **gia vị** 지아 비	**muối** 무오이 ● 【소금】	**tiêu** 띠에우 ● 【후추】	**húng lủi** 훙 루이 ● 【베트남 향료의 일종 (박하와 비슷)】
	đường 드엉 ● 【설탕】	**ớt** 엇 ● 【고추】	**chanh** 짜잉 ● 【레몬】
ngò 응어 ● 【고수】	**bạc hà** 박 하 ● 【박하】	**sả** 싸아 ● 【레몬그라스】	
tương ớt 뜨엉 엇 ● 【고추장】	**nước mắm** 느억 맘 ● 【베트남 젓갈】	**dấm tỏi** 덤 떠이 ● 【마늘 식초】	

베트남의 기본 메뉴는 역시 빼놓을 수 없죠.

쌀, 야채, 고기, 생선 등 소재의 맛을 살리는 베트남 요리
기본적인 퍼나 월남쌈, 반 세오, 쌀로 만든 여러 가지 요리는 꼭 먹어야 합니다.

메뉴를 주문해 봅시다

주문할게요.	**Tôi muốn gọi món nhé.** 또이 무온 거이 먼 녜 I'd like to order, please.
어떤 스프링 롤이 맛있나요?	**Món gỏi cuốn nào ngon?** 먼 거이 꾸온 나오 응언 Which spring roll do you recommend?
돼지고기 스프링 롤 있나요?	**Có bánh cuốn nhân thịt heo không?** 꺼 바잉 꾸온 년 팃 헤오 콤 Do you have a spring roll with steamed pork?
튀긴 스프링 롤 주세요.	**Cho tôi món chả giò.** 쩌 또이 먼 짜아 져 I'd like a fried spring roll, please.
한국어로 된 메뉴판 있나요?	**Có thực đơn bằng tiếng Hàn không?** 꺼 특 던 방 띠엥 한 콤 Do you have a Korean menu?
이 음식 어떤 음식인가요?	**Món này là món như nào?** 먼 나이 라 먼 느으 나오 What is this dish like?
쌀로 만든 음식 중에 뭐가 맛있나요?	**Món ăn làm bằng gạo, nào ngon?** 먼 안 람 방 가오 나오응언 Which rice dish do you recommend?
해산물 들어간 반쎄오 있나요?	**Có bánh xèo nhân hải sản không?** 꺼 바잉 쎄오 년 하이 싸안 콤 Do you have a banh xeo with some seafood?
고추 있어요?	**Có ớt không?** 꺼 엇 콤 Do you have any shredded red pepper?
사이드 메뉴 있어요?	**Có cái gì ăn kèm không?** 꺼 까이 지 안 껨 콤 Do you have any side dishes?

기본 메뉴의 이모저모

소고기 쌀국수
phở bò
퍼어 버

퍼는 쌀가루로 만든 하얀 면 요리로 하노이에서 만들어졌다고 한다. 이것은 소고기(보)가 들어간 것이다.

다진 돼지고기, 순대 육수 등을 넣은 면 요리
hủ tiếu
후 띠에우

쌀국수 면을 반건조한 면은 퍼보다 가늘고 탄력이 있다. 돼지고기 육수, 말린 새우 등을 우린 국물은 뒷맛이 깔끔하다.

분짜
bún chả
분 짜아

직화 숯불고기와 돼지 삼겹살, 가는 쌀국수 면인 분, 허브를 작은 그릇에 덜어 느억맘 베이스의 소스에 찍어 먹는다.

가올라우
cao lâu
까오 러우

호이안 명물로, 쌀로 만든 탄력 있는 면에 야채나 고기를 토핑하고 간장 소스를 찍어 먹는다. 면은 이세 우동과 비슷한 식감이다.

월남쌈
gỏi cuốn
거이 꾸언

라이스페이퍼에 새우, 돼지고기, 고수 등을 넣어 만든 요리. 샐러드와 같은 산뜻한 식감이 매력적이다.

스프링 롤
chả giò
짜아 져

여러 종류의 야채와 돼지고기가 가득 들어간 짜조. 겉이 바삭바삭하다.

돼지고기가 들어간 베트남 떡
bánh cuốn
nhân thịt heo
바잉 꾸온 년 팃 헤오

여러 가지 야채를 넣고 쪄 낸 월남쌈. 잘게 다져 건조시킨 돼지고기의 식감이 부드러운 월남쌈과 잘 맞는다.

숙주, 고기, 새우등을 계란으로 덮어 만든 요리
bánh xèo
바잉 쎄오

쌀가루, 코코넛밀크와 달걀로 반죽해 구운 베트남풍 오코노미야키. 프라이팬에서 바싹 구운 뒤 볶은 숙주와 돼지고기, 새우를 넣는다.

해산물이 들어간 반쎄오
bánh xèo
nhân hải sản
바잉 쎄오
년 하이 싸안

새우와 오징어 등의 해산물을 넣은 반쎄오. 숙주도 가득 넣는다.

닭고기와 밥
cơm gà
껌 가

밥은 닭 육수로 짓는다. 삶은 닭과 특제 소스의 콜라보가 일품이다. 닭고기의 깊은 맛이 살아 있다.

오믈렛과 구운 돼지갈비와 밥
cơm tấm
껌 떰

쌀이 잘게 다져져 있어 밥알이 작고 보슬보슬해 먹기 편하다. 맛이 깊은 반찬과 함께 먹으면 몇 그릇이고 먹을 수 있다.

조개와 밥
cơm hến
껌 헨

중부의 도시 후에의 서민 명물 요리로 유명하다. 밥 위에 삶아서 가볍게 볶은 바지락, 견과류, 돼지 껍데기 등을 얹어 먹는다.

베트남 쌀국수(퍼)를 본고장에서 맛보기

베트남에 가면 먼저 먹고 싶은 것은 쌀국수(퍼)입니다.
면발에 깔끔한 국물이 잘 어우러집니다.
면과 국물과 그 외 내용물을 보며 자신의 취향에 맞는 퍼를 골라봅시다.

여러 소고기가 들어간 쌀국수
phở bò thập cẩm
퍼어 버 텁 꺼엄
여러 부위의 소고기가
들어간 퍼이다.

소고기 쌀국수
phở bò
퍼어 버
소고기를 데친 후 얇게 썰어
양파와 함께 넣은 쌀국수이다.

메뉴 좀 보여 주세요.
**Cho tôi xem
thực đơn.**
쩌 또이 쌤 특 던

생선 필레 쌀국수
phở cá phi lê
퍼어 까 피 레
흰살 생선을 국물에 우려 바다 생선,
특유의 맑은 향이 난다.

이 쌀국수 주세요.
**Cho tôi
phở này.**
쩌 또이 퍼어 나이

얇게 썬 소고기가 들어간 쌀국수
phở bò tái
퍼어 버 따이
가볍게 우린 소고기와 파가
한가득 들어가 있다.

퍼 버의 종류
소고기 퍼 '퍼 버'는 불에 구운 재료로 조리법이나 이름에 따라 다르므로 체크해야 합니다.

●퍼 버 찬
삶은 소고기를 얇게 썰어 고기가
부드럽다.

●퍼 버 타이
얇게 썬 소고기를 국물에 담그
기만 한 것이다.

●퍼 타이란
구운 소고기를 넣은 것. 국물이
진하다.

여러 닭고기가 들어간 쌀국수
phở gà thập cẩm
퍼어 가 텁 꺼엄
여러 닭고기 부위가
들어간 퍼이다.

숟가락이랑 그릇 좀
주세요.
**Cho tôi muỗng
và chén.**
쩌 또이 무옹 바 쩬

닭고기 쌀국수
phở gà
퍼어 가
슬라이스한 닭고기가
들어간 퍼이다.

조개 쌀국수
phở nghêu
퍼어 응예우
바지락이 듬뿍 들어가 그 깊은 맛이
퍼에 잘 우러났다.

다 같이 먹을 거예요.
**Tôi muốn ăn
chung.**
또이 무온 안 쭝

튀긴 쌀국수
phở xào dòn
퍼어 싸오 전
퍼를 기름에 튀겨 위에는 고기
나 야채를 올려 만든 것이다.

포장마차의 현지 음식을 먹어 봅시다.

언제나 가볍게 배를 채울 수 있는 포장마차 음식
여행지에서만 맛볼 수 있는 것을 골라서 걸어 다니며 먹어 보는 것도 좋습니다.

반미 전문 포장마차에 가 봅시다.

베트남의 반미 문화는 프랑스 통치 시대에 남은 문화입니다. 반미는 빵이라는 뜻으로, 반미 티토는 샌드위치입니다. 티토를 생략하고 간단하게 반미라고 부르는 경우가 많습니다. 길거리에 있는 포장마차에서 가볍게 살 수 있습니다. 말이 통하지 않더라도 손짓 발짓으로 주문에 도전한다면 맛있는 반미를 먹을 수 있을 것입니다.

그럼 주문해 봅시다

안녕하세요.
Xin chào.
씬 짜오

어서오세요.
Xin mời.
씬 머이

오믈렛 들어간 반미 하나 주세요.
Cho tôi một bánh mì trứng ốp la.
쩌 또이 못 바잉 미 쯩 옵 라

여기서 드실 건가요?
Ăn tại đây không?
안 따이 데이 콤

가져갈게요. / 여기서 먹을 거예요.
Đem về. / Ăn tại đây.
뎀 베 / 안 따이 데이

고추 드릴까요?
Cho ớt không?
쩌 엇 콤

네. / 괜찮아요.
Vâng. / Không cần.
벙 / 콤 껀

1만 동입니다.
10.000 đồng ạ.
므어이 찌에우 돔 아

네, 여기요.
Vâng, đây ạ.
벙 데이 아

감사합니다.
Xin cám ơn.
씬 깜 언

LOOK

| | 부탁합니다.
Cho tôi | .
쩌 또이 | |
| |, please.

길거리 음식
quán bên lề đường
꾸안 벤 레 드엉

bánh mì kẹp thịt
바잉 미 껩 팃

● 【고기 반미】

bánh mì thịt nguội và phô mai 바잉 미 껩 팃 응우오이 바 포 마이

● 【햄 치즈 반미】

bánh mì đen kẹp thịt gà 바잉 미 덴 껩 팃 가

● 【데리야끼 닭고기 반미】

bánh mì kẹp thịt gà 바잉 미 껩 팃 가

● 【닭고기 반미】

bánh mì patê 바잉 빼테

● 【패티가 들어간 반미】

bánh mì kẹp ghẹ 바잉 미 껩 계

● 【게가 들어간 반미】

phở 퍼어
● 【쌀국수】

bánh đa đỏ 바잉 다 더어
사탕수수를 반죽해 넣은 면 요리
● 【붉은 라이스페이퍼로 만든 국수】

cơm sườn 껌 쓰언
밥 위에 구운 돼지고기를 얹어 먹는 요리

● 【돼지갈비 덮밥】

bánh tét 바잉 뗏

●【돼지고기, 콩, 쌀로 만든 떡】

hột vịt lộn 홋 빗 론
새끼 오리의 반숙란
● 【부화 전에 삶은 오리알】

nước dừa 느억 즈아
● 【코코넛 워터】

nước mía 느억 미아
● 【사탕수수 물】

참고 P.48

원포인트 반미 재료를 골라 봅시다.

| | 넣어 주세요.
Cho | vào.
쩌 | 바오

반미
bánh mì
바잉 미

햄
thịt nguội
팃 응우오이

버터나 패티, 돼지고기, 달걀프라이 등의 재료가 기본입니다. 토마토 등의 신선한 야채도 넣는 경우가 많습니다.

작은 게의 일종
thịt chà bông
팃 짜 봉

고수
ngò
응어

다른 재료는 이렇게 말합니다.

| 패티 **patê** 빼떼 | 버터 **bơ** 버 | 오믈렛 **trứng ốp la** 쯩 옵 라 | 계란프라이 **trứng chiên** 쯩 찌엔 | 구운 돼지고기 **thịt xá xíu** 팃 싸 씨우 | 돼지고기 **chả** 짜아 |

베트남의 대중 식당, 콤빈잔에 들어가 봅시다.

싸고 맛있는 베트남의 대중 식당 '콤빈잔'에서
서민적인 분위기를 느껴 봅시다.

콤빈잔이란?

길거리에서 볼 수 있는 아담한
대중 식당인 콤빈잔은 베트남
사람들의 일반적인 식사 장소
입니다. 제철 식재료를 사용한
가정식 요리는 저렴하고 맛있
으며 베트남 사람들은 물론 최
근 여행자들에게도 인기가 높
아지고 있습니다.

주문하는 방법

먼저 사람 수와 안에서 먹을 것인지 포장할 것인지를 말합니다. 그다음에는 먹고 싶은
음식을 주문합니다. 대부분의 가게는 베트남어만 알아들을 수 있지만 손가락으로 가리
켜 주문할 수 있기 때문에 말이 통하지 않아도 괜찮습니다. 가게 안에서 먹는 경우에는
자리까지 음식을 전달해 줍니다. 계산은 다 먹고 난 다음에 각 테이블에서 하면 됩니다.

그럼 주문해 봅시다

안녕하세요.
Xin chào.
씬 짜오

어서오세요. 포장이신가요?
Xin mời. Mang về à?
씬 머이 망 베 아

아니요. 여기서 먹을 거예요.
Không, tôi ăn tại đây.
콤   또이 안 따이 데이

어떤 음식 주문하시겠어요?
Gọi món gì?
거이 먼 지

이거랑 이거요. 저건 무슨 음식인가요?
Cái này và cái này, cái kia là món gì?
까이 나이 바 까이 나이 까이 끼아 라 먼 지

케첩으로 양념한 오징어 요리예요.
Mực sốt cà chua.
믁 쏫 까 쭈아

그거 더 넣어 주세요.
Cho thêm cái đó nữa.
쩌 탬 까이 더어 느아

저기에 앉아서 기다려 주세요.
Ngồi chờ đó nhé.
응오이 쩌 더 녜

LOOK

___ 부탁합니다.

Cho tôi ___.

쩌 또이 ___

___ , please.

대중적인 음식

cơm bình dân
껌 빙 전

thịt heo kho nước dừa
팃 헤오 커 느억 즈아

● 【코코넛 워터 돼지고기 조림】

---

mực nhồi thịt
믁 뇨이 팃

● 【고기로 채운 오징어】

cá thu chiên giòn
까 투 찌엔 지온

● 【바삭한 대구 튀김】

canh cua với rau xanh
까잉 꾸아 버이 자우 싸잉

● 【푸른색 야채와 게가 들어간 국】

mực sốt cà chua
믁 쏫 까 쭈아

●【케첩으로 양념한 오징어】

---

bánh gối
바잉 고이

● 【베트남 튀김 만두】

gà tần
가 딴

● 【닭 요리】

miến lươn
미엔 르언

● 【뱀장어와 당면 요리】

bún riêu cua
분 지에우 꾸아

● 【다진 게살로 만든 매운탕에 국수, 순두부튀김, 채소를 넣은 음식】

---

xôi gà
쏘이 가

● 【닭고기 찹쌀밥】

phở bò
퍼어 버

● 【소고기 쌀국수】

phở bò tái
퍼어 버 따이

● 【얇게 썬 소고기가 들어간 쌀국수】

phở gà
퍼어 가

● 【닭고기 쌀국수】

테이블에서

젓가락[접시] 좀 주세요.	**Cho tôi đũa[đĩa].** 쩌 또이 두아[디아] Could I have chopsticks[a plate]?
여기 앉아도 될까요?	**Tôi ngồi ở đây được không?** 또이 응오이 어어 데이 드억 콤 May I sit here?
계산해 주세요.	**Tính tiền.** 띵 띠엔 Check, please.

베트남 요리의 맛의 비결

한국인의 입맛에 딱 맞는 베트남 요리
그 맛의 비결은 허브와 조미료의 사용 방법, 맛의 밸런스 등에 있습니다.

허브

허브의 종류는 다양해서 요리에 맞게 넣거나
별도의 그릇에 담겨 나옵니다.

쿨란트로
mùi tàu 무이 따우
잎이 들쭉날쭉해 있는 모습이 톱니바퀴와 닮았다. 고수보다 향이 더 강렬하다.

고수
ngò 응어
독특한 풍미가 있어 호불호가 갈린다. 면류나 무침, 볶음 요리 등에 쓰인다.

박하와 비슷한 베트남 향채
húng lủi 훔 루이
은은한 단맛과 떫은 맛이 특징인 허브. 월남쌈이나 면류에 자주 쓰인다.

박하잎
bạc hà 박 하
산뜻하고 상쾌한 향. 라이스페이퍼를 사용한 요리에 들어간다.

깻잎
tía tô 띠아 또
베트남의 깻잎. 생으로 먹는 경우가 많다.

딜
thìa là 티아 라
주로 북부 지방에서 사용. 생선 수프 등에 들어간다. 코를 찌르는 향을 가지고 있다.

마디풀
rau răm 자우 잠
독특한 향과 쓴 맛이 있다. 월남쌈이나 샐러드에 들어간다.

삼백초
diếp cá 지엡 까
베트남 사람들도 잘 못 먹는 사람이 많을 정도로 강렬한 향. 월남쌈에 들어가는 경우도 있다.

조미료

독특한 풍미를 가진 것이 많고, 맛의 깊이를 더한다. 조미료로 자신이 좋아하는 맛을 만들어 먹는 것이 보통이다.

고추장
tương ớt 뜨엉 엇
매콤한 맛을 내고 싶다면 넣는다.

베트남 젓갈
nước mắm 느억 맘
어간장 중 하나로 짠맛이 부족할 때 넣는다.

레몬
chanh 짜잉
신맛을 더해 준다. 향도 맛도 상큼하다.

고추
ớt 엇
소량으로 자극적인 매운맛을 낼 수 있다. 빛깔도 곱다.

마늘 식초
dấm tỏi 점 떠이
감칠맛을 더하고 싶을 때 넣는다. 특유의 향이 있다.

| | | 는 무슨 양념인가요? |
| | **Của** | **này là gia vị nào?** 꾸아 [   ] 나이 라 지아 비 나오 |

맵다	cay 까이	진하고 깊은 맛이나다	đậm đà 덤 다
시다	chua 쭈아	달달하고 짭짤한 맛이나다	ngọt mặn 응얻 만
단맛이 나다	có vị ngọt 꺼 비 응얻	달달하고 신맛이나다	ngọt chua 응얻 쭈아
쓴맛이 나다	có vị tiêu 꺼 비 띠에우	마늘이 들어간	có tỏi 꺼 떠이
신맛이 적다	ít vị chua 잇 비 쭈아	맛있는, 입에 맞는	vừa miệng 브아 미엥

> **맛의 황금 비율**
> 오미(五味), 오채(五彩), 이향(二香)이 베트남 요리의 이상적인 밸런스입니다. 오미(五味)는 재료나 조미료의 5가지 맛(신맛, 매운맛, 단맛, 짠맛, 감칠맛), 오채(五彩)는 여러 가지 재료의 5가지 색(빨간색, 푸른색, 하얀색, 노란색, 검은색), 이향(二香)은 재료가 내는 2가지 향(향이 좋다, 구수하다)입니다.

마음에 드는 허브를 찾아봅시다

더 단맛이 나는 야채 있나요?	**Có loại rau thơm nào có vị ngọt hơn không?** 꺼 로아이 자우 텀 나오 꺼 비 응얻 헌 콤 Do you have a sweeter herb?
향이 강한가요?	**Có mùi hương nặng lắm không?** 꺼 무이 흐엉 낭 람 콤 Does it have a strong smell?
생선 요리와 잘 어울리나요?	**Có hợp với món cá không?** 꺼 헙 버이 먼 까 콤 Does it go well with fish?
신선한 향기가 나는 야채를 좋아해요.	**Tôi thích loại rau thơm có mùi dễ chịu.** 또이 틱 로아이 자우 텀 꺼 무이 제에 찌우 I'd like a fresh-smelling herb.
고수 넣지 말아주세요.	**Đừng cho ngò vào.** 등 쩌 응어 바오 No coriander, please.

도움이 되는 단어장 WORD

		위에 올리다	bỏ lên trên 버어 렌 젠	특징	đặc trưng 닥 쯩
		냄새가 나다	có mùi hôi 꺼 무이 호이	풍미	hương vị 흐엉 비
냄새	mùi 무이	발효시키다	lên men 렌 멘	냄새와 맛이 독한	chát 짝
풍미	hương vị 흐엉 비	넘치다	mãnh liệt 마잉 리엣	쓴	đắng 당

43

디저트도 여행의 즐거움이죠.

프랑스의 영향을 받으며 독자적인 레시피를 만들어 오늘날까지 이어진 베트남 디저트.
신선한 열대 과일을 충분히 넣어 모두 맛있어 보입니다.

코코넛 아이스크림
kem dừa
껨 즈아

자색고구마 아이스크림
kem khoai tím
껨 꽈이 띰

과일 아이스크림
kem trái cây
껨 짜이 꺼이

과일과 아이스크림, 거기다가
그릇인 코코넛도 먹을 수 있고
양이 많아서 좋다.

부드럽고 은은한 고구마 맛이
나는 아이스크림은 거리낌 없
이 먹기 편하다

코코넛 아이스크림에 드래곤
프루트와 수박을 토핑한 칵테
일 프루트

**땅콩, 설탕, 바나나가
들어간 디저트**
chè chuối
째 쭈오이

연꽃 열매 째
chè hột sen
째 홋 쎈

**땅콩, 설탕, 마가
들어간 디저트**
chè khoai môn
째 꽈이 몬

달게 끓인 바나나 향이 감도는
따뜻한 째. 코코넛 밀크와의 어
울림이 좋다.

연밥의 씹히는 맛과 나타데코
코의 탄력이 잘 어울린다.

타로가 들어간 째. 타로의 은은
한 단맛이 굉장히 매력적이다.

주문을 해 봅시다

이 아이스크림 2개 주세요.	**Cho tôi 2 cái kem này đi.** 쩌 또이 하이 까이 껨 나이 디 I'd like 2 cups of this ice cream, please.

참고 P.150

어떤 게 맛있어요?	**Món nào ngon?** 먼 나오 응언 What do you recommend?

차 1잔 주세요.	**Cho tôi một ly chè.** 쩌 또이 못 리 쩨 I'd like a cup of che, please.

참고 P.150

과일과 관련된 단어를 알아봅시다.

망고	xoài 쏘아이	파파야	đu đủ 두 두우	스타 프루트	khế 케	잭프루트	mít 밋
수박	dưa hấu 즈아 허우	자몽	bưởi 브어이	용과	thanh long 타잉 롱	아떼모야 (불두과)	na 나

**베트남풍 단죽
chè trôi nước
쩨 쪼이 느억**

따뜻한 녹두 만주가 들어가 있어 부드러운 단맛이 난다.

**연꽃 쩨
chè sen
쩨 쎈**

연꽃 씨앗과 쌀이 들어간 달콤한 수프

**불린 메주콩을 끓여 설탕물과 얼음을 넣은 디저트
tào phớ
따오 퍼**

부드럽고 따뜻한 두부에 생강을 베이스로 한 소스를 넣어 먹는다.

**푸딩
bánh flan
바잉 플랜**

프랑스에서 전래된 소박한 맛이 옛추억을 불러일으킨다. 북부에서는 카라멜 푸딩 (kem caramen-껨 까라멘)이라고 한다.

**크레페를 돌돌 감은 디저트
bánh crape cuộn
바잉 끄라뻬 꾸온**

크레이프로 셔벗이나 아이스를 감싼 월남쌈 같은 모습의 디저트.

**치즈 케이크
bánh phô mai
바잉 포 마이**

패션프루트 치즈 케이크는 산미가 농후하다.

여기서 먹어도 되나요?

Có thể ăn ở đây được không?
꺼 테에 안 어어 데이 드억 콤
Can I eat here?

빨대 하나만 더 주세요.

Cho tôi một ống hút nữa.
쩌 또이 못 옹 훗 느아
Could I have another straw?

포장 되나요?

Đem về được không ?
뎀 베 드억 콤
Could I make it to go?

길거리 카페에서 쉬어가기

고즈넉한 내부 장식이 매력적인 길거리 카페나 최신 트렌드의 가게 등
마음에 드는 카페를 찾아 거리를 산책하는 것도 즐겁지요.

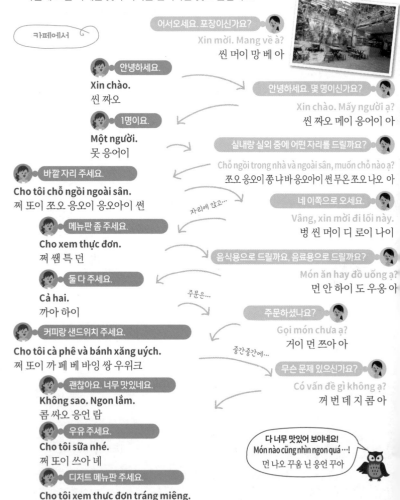

카페에서

어서오세요. 포장이신가요?
Xin mời. Mang về ạ?
씬 머이 망 베 아

안녕하세요.
Xin chào.
씬 짜오

안녕하세요. 몇 명이신가요?
Xin chào. Mấy người ạ?
씬 짜오 메이 응어이 아

1명이요.
Một người.
못 응어이

실내랑 실외 중에 어떤 자리를 드릴까요?
Chỗ ngồi trong nhà và ngoài sân, muốn chỗ nào ạ?
쪼오 응오이 종 냐 바 응오아이 썬 무온 쪼오 나오 아

바깥 자리 주세요.
Cho tôi chỗ ngồi ngoài sân.
쩌 또이 쪼오 응오이 응오아이 썬

자리에 앉고…

메뉴판 좀 주세요.
Cho xem thực đơn.
쩌 쌤 특 던

네 이쪽으로 오세요.
Vâng, xin mời đi lối này.
벙 씬 머이 디 로이 나이

음식용으로 드릴까요, 음료용으로 드릴까요?
Món ăn hay đồ uống ạ?
먼 안 하이 도 우옹 아

둘 다 주세요.
Cả hai.
까아 하이

주문은…

주문하셨나요?
Gọi món chưa ạ?
거이 먼 쯔아 아

커피랑 샌드위치 주세요.
Cho tôi cà phê và bánh xăng uých.
쩌 또이 까 페 베 바잉 쌍 우위크

중간중간에…

무슨 문제 있으신가요?
Có vấn đề gì không ạ?
꺼 번 데 지 콤 아

괜찮아요. 너무 맛있네요.
Không sao. Ngon lắm.
콤 싸오 응언 람

우유 주세요.
Cho tôi sữa nhé.
쩌 또이 쓰아 녜

다 너무 맛있어 보이네요!
Món nào cũng nhìn ngon quá…!
먼 나오 꿈 닌 응언 꾸아

디저트 메뉴판 주세요.
Cho tôi xem thực đơn tráng miệng.
쩌 또이 쌤 특 던 짱 미엥

46

메뉴에 대해 물어봅시다

세트 메뉴 있나요?	**Có thực đơn cơm phần không?** 꺼 특 던 껌 펀 콤 Do you have a set meal?
이건 뭔가요?	**Cái này là cái gì?** 까이 나이 라 까이 지 What is this?
어떤 게 맛있나요?	**Món nào ngon?** 먼 나오 응언 Which do you recommend?
같은 걸로 주세요.	**Cho tôi món giống như thế.** 쩌 또이 먼 지옹 느 테 Same for me.
오늘의 메뉴[디저트]는 뭔가요?	**Món ăn[Tráng miệng] hôm nay là gì?** 먼 안[짱 미엥] 홈 나이 라 지 What is today's dish[dessert]?
다 같이 먹을 거예요.	**Tôi muốn ăn chung.** 또이 무온 안 쭝 Is it possible to share this dish?
커피 더 주세요.	**Cho thêm cà phê.** 쩌 템 까 페 Could I have another cup of coffee, please?

도움이 되는 단어장 WORD

		뜨겁다	nóng 놈	설탕	đường 드엉
		차갑다	lạnh 라잉	컵	ly 리
에스프레소	espresso 에스쁘레쏘	금연 구역	ghế cấm hút thuốc 게 껌 훗 투옥	유리	thủy tinh 투위 띵
카푸치노	cappuccino 까뿌찌노	흡연 구역	ghế hút thuốc 게 훗 투옥	찻잔	tách trà 따익 짜
커피 원두	hạt cà phê 핫 까 페	테이블	cái bàn 까이 반	차 주전자	bình trà 빙 짜
내리다	giọt 지엇	창가	bên cạnh cửa sổ 벤 까잉 끄아 쏘	얼음	nước đá 느억 다
찌다	hấp 헙	연유	sữa đặc 쓰아 닥	빨대	ống hút 옹 훗

47

	부탁합니다. *LOOK*		커피 **cà phê** 까 페	**cà phê sữa đá** 까 페 쓰아 다

Cho tôi [   ].

쩌 또이 [   ]
[   ], please.

● 【아이스 라테】

cà phê sữa nóng 까 페 쓰아 놈	**cà phê đá** 까 페 다	**cà phê đen nóng** 까 페 덴 놈	**cappuccino** 까뿌찌노
● 【따뜻한 라테】	● 【아이스 아메리카노】	● 【따뜻한 아메리카노】	● 【카푸치노】

chè mè đen 쩨 매 덴	**chè long nhãn** 쩨 렁 냔	**chè vỏ bưởi** 쩨 버어 브어이	**chè thập cẩm** 쩨 텁 꺼엄
검은깨의 향이 진하고, 걸쭉 한 식감을 가진 간식 .			
● 【검은깨 차】	● 【용안 차】	● 【자몽 껍질 차】	● 【혼합 차】

chè đậu xanh đánh 쩨 더우 싸잉 다잉	**sinh tố xoài** 씽 또 쏘아이	**sinh tố chuối** 씽 또 쭈오이	**sinh tố dâu sữa** 씽또 저우쓰아
● 【녹두공 차】	● 【망고 생과일 주스】	● 【바나나 생과일 주스】	● 【생딸기 우유】

trà xanh 짜 싸잉	**trà sen** 짜 쎈	**trà chanh** 짜 짜잉	**nước mía** 느억 미아
● 【녹차】	● 【연꽃차】	● 【레몬차】	● 【사탕수수 물】

sữa đậu nành 쓰아 더우 나잉	**nước suối** 느억 쑤오이	**trái cây thập cẩm** 짜이 꺼이 텁 꺼엄	**bánh tiramisu** 바잉 띠라미쑤
● 【두유】	● 【생수】	● 【여러 과일】	● 【티라미수】

각양각색의 열대 과일을 소개합니다.

베트남에는 눈으로만 봐도 신선한 열대 과일이 한가득!
계절에 따라 나오는 종류도 다르므로, 다양한 계절감을 느낄 수 있습니다.

스타프루트
khế
케
별 모양의 과일. 가로
로 자른 단면이 별 모
양이다.

람부탄
chôm chôm
쫌쫌
겉모습은 상큼한 람
부탄이지만 안의 과
육은 하얀 리치 같다.

두리안
sầu riêng
써우 지엥
과일의 왕 두리안. 강
렬한 냄새를 갖고 있
지만 한번 먹어 보자.

망고스틴
măng cụt
망꿋
은은한 단맛과 좋은
산미가 특징이다.

파파야
đu đủ
두 두우
노랗게 익으면 강한
단맛이 나서 자꾸 먹
게 된다.

망고
xoài
쏘 아이
숙성된 단맛을 맛보
는 것은 오로지 산지
에서만 가능하다.

아떼모야
na
나
불두과라고도 한다.
하얀 과육은 부드럽
고 달다.

스타애플
vú sữa
부 쓰아
스펀지 같은 과육의
단맛과 하얀 밀크가
한가득이다.

잭프루트
mít
밋
노란 과육은 냄새가
거의 없고 달고 시다.

용과
thanh long
타잉 렁
과육은 희고 빨갛다.
은은한 단맛과 산미
가 있다.

용안
nhãn
냐안
떫은맛의 껍질로 감
싸진 하얀 과실은 달
고 수분이 많다.

맛있는 베트남 커피를 마셔 봅시다.

길거리를 산책하거나 쇼핑 중에 지쳤을 때, 잠깐 휴식을 취할 겸 카페 타임 어떠세요?
길거리 여기저기에도 멋진 카페가 있어 느긋하게 커피를 마실 수 있어요.

베트남 커피 종류

커피를 마시는 방법에는 뜨거운 커피, 차가운 커피, 우
유를 넣은 뜨거운 커피, 우유를 넣은 아이스 커피로 총
4가지 방법이 있습니다. 커피콩은 쓴맛이 강한 로스팅
종류가 일반적입니다.

따뜻한 라테
cà phê sữa nóng
까 페쓰아 놈

아이스 아메리카노
cà phê đá
까 페 다

**따뜻한
아메리카노**
cà phê đen nóng
까 페 덴 놈

차가운 라테
cà phê sữa đá
까 페 쓰아 다

베트남 커피 내리는 법

베트남 커피의 특징인 쓴맛과 향이 잘 맞는다면 필터와 커피콩을 기념품으로 사 보세요.
필터는 물론 인기 브랜드의 콩도 저렴한 가격으로 살 수 있고, 커피 내리는 방법도 쉽습니다.

①	②	③	④	⑤	⑥
컵에 연유를 넣고, 필터에 커피를 갈아 넣는다.	가루를 누르듯 가운데 뚜껑을 닫고 따뜻한 물을 조금 뿌려 커피 가루를 적신다.	따뜻한 물을 필터의 상단까지 넣고 바깥 뚜껑을 닫는다.	커피를 추출한 후 뚜껑은 반대로 놓고 그곳에 필터를 올려 둔다.	뜨겁게 농축한 커피와 연유를 천천히 저어 준다.	얼음을 넣은 컵에 부으면 '카페쓰아 다' 완성

원포인트 베트남 커피 이야기

베트남 커피는 한국의 커피와는 조금 다릅니다. 프랑스식 커피 필터를 사용해 한 잔씩 추출하는 것이 특징입니
다. 커피 그 자체의 맛이 농후하기 때문에 현지에서는 많은 양의 연유를 넣은 컵에 커피를 부어 먹는 것이 일반
적입니다.

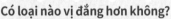

커피 어디 있어요?

Cà phê _____ **ở đâu?** 까페 _____ 어어 더우

맛있는 맛이 나다 có vị ngọt 꺼 비 응엇	향이 나다 có mùi thơm 꺼 무이 텀	유기농 재배 trồng theo phương pháp hữu cơ 쫑 테오 프언 팝 흐우 꺼
쓴맛이 나다 có vị đắng 꺼 비 당	깊은 맛 vị đậm đà 비 덤 다	
독한 맛이 나다 có vị chát 꺼 비 짯	로부스타 종 loại robusta 로아이 로부스따	프랑스 식민 지배의 영향으로 베트남에 널리 퍼진 커피 문화. 베트남은 커피콩 생산량이 세계 2위로, 베트남 사람들은 정말 자주 커피를 마십니다.
약간 신맛이 나다 vị chua ít 비 쭈아 잇	아라비카 종 loại arabica 로아이 아라비까	
우아한 향 mùi thơm dịu dàng 무이 텀 지우 장	볶다 rang kỹ 장 끼이	

마음에 드는 커피를 찾아봅시다

이거보다 더 쓴 종류 있나요?	**Có loại nào vị đắng hơn không?** 꺼 로아이 나오 비 당 헌 콤 Do you have one that is bitter than this?
부온 마 투옷 제 상품이죠?	**Sản phẩm của Buôn Ma Thuột à?** 싼 퍼엄 구아 부온 마 투옷 아 Is this coffee from Buon Me Thuot?
유기농 커피 있나요?	**Có cà phê hữu cơ không?** 꺼 카 페 흐우 꺼 콤 Do you have an organic coffee?
이거 가져갈게요!	**Tôi lấy cái này!** 또이 레이 까이 나이 I'll take this!
무게별로 파시나요?	**Bán theo cân được không?** 반 테오 껀 드억 콤 Can I buy it by weight?

도움이 되는 단어장 WORD					
		에스프레소	espresso 에스쁘레쏘	연유	sữa đặc 쓰아 닥
		카푸치노	cappuccino 까뿌찌노	얼음	nước đá 느억 다
커피 원두	hạt cà phê 핫 까 페	드립 커피	cái lọc cà phê 까이 럭 까 페	빼내다	chiết ra 찌엣 자
맛	mùi vị 무이 비	섞다	trộn 쫀	찌다	hấp 헙

51

즐겁게 나만의 패션 스타일을 찾아봅시다.

베트남 패션은 귀엽고 개성이 있어 센스 만점입니다.
능숙하게 말하며 마음에 드는 패션 아이템을 찾아봅시다.

먼저 가고 싶은 상점들을 찾아봅시다

백화점이 어디인가요?	**Cửa hàng bách hóa ở đâu?** 끄아 항 바익 화 어어 더우 Where is the department store?
이거 어디서 사요?	**Mua cái này ở đâu?** 무아 까이 나이 어어 더우 Where can I buy that?
이빠-니마 상점이 어디인가요?	**Cửa hàng Ipa-Nima ở đâu?** 끄아 항 이빠-니마 어어 더우 Where is the shop called Ipa-Nima?

상점에 대한 정보를 물어봅시다

오픈 시간 좀 알려 주세요.	**Cho tôi biết giờ mở cửa.** 쩌 또이 삐엣 져 머어 끄아 What are the business hours?
쉬는 날은 언제인가요?	**Ngày nghỉ là thứ mấy?** 응아이 응이 라 트 머이 What day do you close?
안내 책자가 있나요?	**Có bản đồ hướng dẫn không?** 꺼 반 도 흐엉 저언 콤 Do you have an information guide?
신발을 사려면 어디로 가야 되나요?	**Muốn mua giày thì đi đâu?** 무온 무아 쟈이 티 디 더우 Where should I go to buy shoes?
에스컬레이터[엘리베이터]가 어디에 있나요?	**Thang cuốn[thang máy] ở đâu?** 탕 꾸온[탕 마이] 어어 더우 Where is the escalator[elevator]?
핸드백 파는 곳을 찾고 있어요.	**Tôi đang tìm nơi bán túi xách.** 또이 당 띰 너이 반 뚜이 싸익 I'm looking for a bag section.

짐을 보관할 수 있는 장소가 있나요?

Có nơi nào để gửi hành lý không?
꺼 너이 나오 데에 그으이 하잉 리 콤

Where is the cloak room?

한국어를 할 수 있는 직원이 있나요?

Có nhân viên nào nói được tiếng Hàn không?
꺼 년 비엔 나오 너이 드억 띠엥 한 콤

Is there anyone who speaks Korean?

상점에 ATM기가 있나요?

Có ATM trong tiệm không?
꺼 아떠머 쫑 띠엠 콤

Do you have an ATM in the store?

고객 서비스 센터가 어디에 있나요?

Quầy phục vụ khách hàng ở đâu?
꾸어이 푹 부 카익 항 어어 더우

Where is the customer service?

LOOK

어디에 있나요?

ở đâu ạ?

어어 더우 아

Where is ___?

cửa hàng bách hóa
끄아 항 바익 화
● 【백화점】

cửa hàng chọn lựa
끄아 항 쫀 르아
● 【상점】

Trung tâm mua sắm
쭝 떰 무아 샴
● 【쇼핑센터】

cửa hàng tạp hóa
끄아 항 땁 화
● 【잡화점】

cửa hàng tiện lợi
끄아 항 띠엔 러이
● 【편의점】

tiệm bán quần áo
띠엠 반 꾸원 아오
● 【옷 가게】

tiệm bán túi xách
띠엠 반 뚜이 싸익
● 【가방 가게】

tiệm giày
띠엠 지아이
● 【신발 가게】

tiệm mũ
띠엠 무
● 【모자 가게】

tiệm bán đồ trang sức
띠엠 반 도 짱 쓱
● 【장식품 가게】

tiệm bán đồ dân tộc
띠엠 반 도 전 똑
● 【전통품 가게】

tiệm bán áo dài
띠엠 반 아오 자이
● 【아오자이 가게】

tiệm may
띠엠 마이
● 【수선집】

tiệm mỹ phẩm
띠엠 미이 펌
● 【화장품 가게】

cửa hàng miễn thuế
끄아 항 미엔 투에
● 【면세점】

53

즐겁게 나만의 패션 스타일을 찾아봅시다.

가게 안으로 들어가면

안녕하세요! 어서오세요.
Xin chào! Xin mời.
씬 짜오 씬 머이

무엇을 찾으시나요?	**Chị đang tìm gì ạ?** 찌 당 띰 지 아 What are you looking for?
그냥 구경하고 있어요. 감사합니다.	**Chỉ xem thôi. Xin cám ơn.** 찌이 쎔 토이 씬 깜 언 I'm just looking, thank you.
다시 올게요.	**Tôi sẽ quay lại.** 또이 쎄에 꾸와이 라이 I'll come back later.
죄송한데 잠깐 도와주실 수 있나요?	**Xin lỗi, tôi nhờ tí được không?** 씬 로이 또이 녀 띠드억 콤 Excuse me, can you help me?
이거랑 잘 어울리는 신발 이 있을까요?	**Có đôi giày nào hợp với cái này không?** 꺼 도이 지아이 나오 헙 버이 까이 나이 콤 Do you have shoes that go with this?
어머니께 드릴 <u>아오자이</u> 를 찾고 있어요.	**Tôi tìm áo dài để tặng Mẹ tôi.** 또이 띰 아오 자이 데에 땅 메 또이 I'm looking for an ao dai for my mother.
이 잡지에 있는 <u>원피스</u>를 보고 싶어요.	**Tôi muốn xem cái áo đầm trong tạp chí này.** 또이 무온 쎔 까이 아오 덤 쫑 땁 찌 나이 I'd like to see the one-piece dress on this magazine.
<u>검은색</u> 재킷이랑 잘 어울리 는 <u>밝은색</u> 치마가 있을까요?	**Có váy nào màu sáng hợp với áo vét màu đen không?** 꺼 바이 나오 마우 쌍 헙 버이 아오 벳 마우 덴 콤 Do you have a skirt in light color that goes with a black jacket?
선물로 줄 <u>티셔츠</u>를 찾고 있어요.	**Tôi đang tìm áo thun để làm quà.** 또이 당 띰 아오 툰 데에람 꾸아 I'm looking for gift T-shirts.

💗 사고 싶을 땐
이 표현

이거 주세요 ./ 얼마예요 ?

Cho tôi cái này. / Bao nhiêu tiền
쩌 또이 까이 나이 /바오 니에우 띠엔
I'll take this./How much is it?

친구에게 선물로 줄 <u>스카프</u>를 찾고 있어요.

Tôi tìm khăn choàng cổ để làm quà cho bạn tôi.
또이 띰 칸 쪼앙 꼬오 데에람 꾸아 쩌 반 또이
I'm looking for a scarf for my friend.

신상품 카탈로그 있나요?

Có catalô sản phẩm mới không?
꺼 까딸로 싼 퍼엄 머이 콤
Do you have a catalog of new items?

이게 좋네요.

Tôi muốn cài này.
또이 무온 까이 나이
I want this one.

<u>실크</u>로 된 원피스 있나요?

Có áo đầm bằng lụa không?
꺼 아오덤 방 루아 콤
Do you have a silk dress?

참고 P.58

이것을 보고 싶어요.

Tôi muốn xem cái này.
또이 무온 쎔 까이 나이
I'd like to see this.

<u>캐주얼한[우아한]</u> 옷 한 벌을 찾고 있어요.

Tôi đang tìm bộ đồ mặc bình thường[sang trọng].
또이 당 띰 보도 막 빙트엉[쌍 쫑]
I'd like something casual[dressy].

오른쪽에서 <u>세</u> 번째 것을 볼 수 있을까요?

Cho tôi xem cái thứ ba từ bên phải sang.
쩌 또이쎔 까이트 바뜨벤 파이 쌍
Please show me the third one from the right.

참고 P.150

이거 진품인가요?

Đây là đồ thật ả?
데이 라도 텃 아
Is this real?

이건 무슨 브랜드예요?

Cái này là thương hiệu gì?
까이 나이 라 트엉 히에우 지
What brand is this?

새로운 상품이 나왔나요?

Có sản phẩm mới ra chưa?
꺼 싼 퍼엄 머이 자 쯔아
Do you have any new items?

이거랑 똑같은 것이 있나요?

Có cái nào giống cái này không?
꺼 까이 나오 지옹 까이 나이 콤
Is there one the same as this?

조금 생각 해 볼게요.

Để tôi suy nghĩ đã.
데에 또이 쑤이 응이 다아
I need a little more time to think.

55

즐겁게 나만의 패션 스타일을 찾아봅시다.

마음에 드는 물건을 찾아봅시다.

이 디자인이랑 비슷한 게 있나요?
Có cái nào có kiểu giống như vậy không?
꺼 까이 나오 꺼 끼에우 지옹 느 버이 꼼
Do you have one with a similar design?

다른 옷을 입어 봐도 될까요?
Tôi mặc thử áo khác được không?
또이 막 트으 아오 카 드억 꼼
Can I try any other clothes?

들어 봐도 될까요?
Cầm lên xem được không?
껌 랜 쌤 드억 꼼
Can I pick this up?

(액세서리 등을) 해봐도 될까요?
Đeo thử được không?
데오 트으 드억 꼼
May I try this on?

거울이 어디에 있나요?
Gương ở đâu?
그엉 어 더우
Where is the mirror?

이거 입어 봐도 될까요?
Mặc thử được không?
막 트으 드억 꼼
Can I try this on?

38사이즈예요.
Kích thước của tôi là 38.
끽 트억 꾸아 또이 라 바므어이 땀
My size is 38.

참고 P.150

이거 주세요.
Cho tôi cái này.
쩌 또이 까이 나이
I'll take this.

베트남의 세금에 대해
베트남에서는 물건이나 서비스에 10%의 부가 가치세(VAT)가 붙습니다. 일부 물이나 음료수, 의료품 등 지정된 물건에 대해서는 5%가 적용됩니다.

사이즈가 다른 것에 주의합시다

사이즈 표시는 기준이 애매하므로 어디까지나 참고용일 뿐입니다. 실제로 입어 보고 나서 구매합시다. 구두 사이즈 표시에는 미국식의 경우와 유럽식이 있습니다.

여성복					
베트남	36호	38호	40호	42호	44호
한국	SS	S	M	L	XL

여성화						
US 사이즈	4	5	6	7	8	9	10
EU 사이즈	34	35	36	37	38	39	40
한국	220	225	230	235	240	245	250

56

예쁘네요!
Xinh quá!
씽 꾸아

잘 맞아요!
Vừa lắm!
브아 람

38사이즈 있나요?	**Có size 38 không?** 꺼 싸이즈 바 므어이 땀 콤 Do you have 38 ? 참고 P.150
좀 작아[커] 보여요.	**Có vẻ hơi chật[rộng].** 꺼 베에 허이 쩻[좀] This is a little bit tight[loose].
더 큰[작은] 것 있나요?	**Có lớn hơn[nhỏ hơn] không?** 꺼 런 헌[녀어 헌] 콤 Do you have a bigger[smaller] size?
너무 길어[짧아]요.	**Dài[ngắn] quá.** 자이[응안] 꾸아 This is too long[short].
안 맞아요.	**Không vừa.** 콤 브아 It didn't fit me.
죄송해요, 다음에 다시 올게요.	**Xin lỗi, tôi sẽ quay lại sau.** 씬 로이 또이 쎄에 꾸아이 라이 싸우 I'm sorry. I'll come back later.

유행에 민감한
당신에게는
이것

어떤 게 잘 팔려요 ?

Cái nào được mọi người ưa thích?
까이 나오 드억 머이 응어이 으아 틱
Which one is popular?

도움이 되는 단어장 WORD		길다	dài 자이	크다	rộng 좀
		짧다	ngắn 응안	작다	chật 쩻
사이즈	size 싸이즈	팔이 긴	tay dài 따이 자이	잘 맞다	vừa 브아
크다	lớn 런	팔이 짧은	tay ngắn 따이 응안	두껍다	dày 자이
작다	nhỏ 녀어	민소매	áo không tay 아오 콤 따이	얇다	mỏng 머엄

즐겁게 나만의 패션 스타일을 찾아봅시다.

점원에게 물어봅시다

사이즈 조정할 수 있나요?	Sửa size được không? 쓰아 싸이즈 드억 콤 Can you adjust the size?
얼마나 걸려요?	Mất khoảng bao nhiêu thời gian? 멋 코왕 바오 니에우 터이 쟌 How long does it take?
다른 색[무늬] 있나요?	Có màu [hoa văn] khác không? 꺼 마우-[화 반] 칵 콤 Do you have another color[print]?
검은색 있어요?	Có màu đen không? 꺼 마우 덴 콤 Do you have black one?
다른 색 있어요?	Có màu khác không? 꺼 마우 칵 콤 Do you have the same one in other colors?
이거 순금[순은] 인가요?	Cái này bằng vàng ròng [bạc ròng] phải không? 까이 나이 방 방 좀 [박 좀] 파이 콤 Is this pure gold[silver]?
이거 뭘로 만든 건가요?	Cái này bằng chất liệu gì? 까이 나이 방 쩟 리에우 지 What is this made of?
실크로 만든 종류 찾고 있어요.	Tôi tìm loại bằng lụa. 또이 띰 로아이 방 루아 I'd like something made of silk.
방수 되나요?	Có chống thấm nước không? 꺼 쫑 텀 느억 콤 Is this waterproof?

참고 P.61

도움이 되는 단어장 WORD		딱딱하다	cứng 끙	가시	gai 가이
		면	bông 봉	밝은 색	màu sáng 마우 쌍
부드럽다	mềm 맴	실크	lụa 루아	어두운 색	màu tối 마우 또이

LOOK

[____] 부탁합니다.

Cho tôi [____].

쩌 또이 [____]

[____], please.

패션
thời trang
터이 짱

áo thun
아오 툰

● 【티셔츠】

áo dài
아오 자이

● 【아오자이】

áo khoác
아오 코악

● 【코트 , 재킷】

áo cánh
아오 까잉

● 【블라우스】

áo hai dây
아오 하이 저이

● 【나시】

áo đầm dài
아오 덤 자이

● 【긴 원피스】

váy
바이

● 【치마】

váy đầm
바이 덤

● 【원피스】

váy dạ hội
바이 자 호이

● 【드레스】

áo sơ mi
아오 써 미
● 【셔츠】

quần
꾸원
● 【바지】

quần jean
꾸원 쥔
● 【청바지】

khăn choàng dài
칸 코앙 자이
● 【긴 스카프】

khăn choàng cổ
칸 코앙 꼬오
● 【짧은 스카프】

cà vạt
까 밧
● 【넥타이】

khăn tay
칸 따이
● 【손수건】

mũ
무
● 【모자】

kính mát
낑 맛
● 【안경 , 선글라스】

ví
비
● 【지갑】

găng tay
강 따이
● 【장갑】

áo nịt ngực
아오 닛 응윽
● 【브래지어】

quần lót
꾸원 럿
● 【팬티】

bít tất
빗 떳
● 【스타킹】

vớ
버
● 【양말】

빨아도 되나요?

Giặt được không?
지앗 드억 콤
Is this washable?

좀 더 싼[비싼]것 있나요?

Có cái nào rẻ hơn[đắt hơn] tí không?
꺼 까이 나오 제에 헌[닷 헌]   띠 콤
Do you have a little cheaper[more expensive] one?

즐겁게 나만의 패션 스타일을 찾아봅시다.

계산할 때는

전부 얼마인가요?	**Tất cả là bao nhiêu?** 떳 까아 라 바오 니에우 How much is it in total?
세금 포함인가요?	**Có bao gồm tiền thuế không?** 꺼 바오 곰 띠엔 투에 콤 Does it include tax?
신용 카드로 결제 가능한 가요?	**Thẻ tín dụng này dùng được không?** 테에 띤 줌 나이 줌 드억 콤 Do you accept this credit card?
달러로 계산할 수 있나요?	**Có thể trả bằng tiền đô được không?** 꺼 테에 짜 방 띠엔 도 드억 콤 Can I pay in dollars?
조금만 깎아 주실 수 있나요?	**Bớt chút được không?** 벗 쭛 드억 콤 Could you give me a discount?
계산이 잘못된 것 같아요.	**Tính sai rồi.** 띵 싸이 조이 I think there is a mistake in this bill.
거스름돈이 잘못 됐어요.	**Trả lại tiền nhầm.** 짜아 라이 띠엔 념 You gave me the wrong change.

환불, 교환, 클레임이 있다면

얼룩이 있어서 환불할게요.	**Có vết bẩn nên cho tôi trả lại.** 꺼 벳 버언 낸 쩌 또이 짜아 라이 I'd like to return this because it has a stain.
이건 제가 구매한 것과 다른 거예요.	**Mở ra thì thấy là hàng khác.** 머어 자 티 터이 라 항 칵 This is different from what I bought.
전혀 사용하지 않았어요.	**Chưa dùng.** 쯔아 줌 I haven't used it at all.

LOOK

□□□□ 있나요?

Có □□□□ **không ạ?**

꺼 □□□□ 콤 아

Do you have □□□□ ?

색
màu sắc
마우 싹

màu đen
마우 뗀

● 【검은색】

màu trắng
마우 짱

● 【흰색】

màu đỏ
마우 더

● 【빨간색】

màu xanh
마우 싸잉

● 【파란색】

màu vàng
마우 방

● 【노란색】

màu xanh lá cây
마우 싸잉 라 꺼이

● 【초록색】

màu hồng
마우 홍

● 【분홍색】

màu cam
마우 깜
● 【주황색】

màu tím
마우 띰
● 【보라색】

màu ngà
마우 응아

● 【아이보리색】

màu be
마우 베

● 【베이지색】

màu nâu
마우 너우

● 【갈색】

màu hoàng kim
마우 호왕 낌
● 【금색】

màu bạc
마우 박

● 【은색】

무늬
hoa văn
화 반

sọc
썩

● 【줄무늬】

ô vuông
오 부옹

● 【체크무늬】

chấm tròn
쩜 쩐
● 【물방울무늬】

hoa
화

● 【꽃무늬】

trơn
쩐

● 【민무늬】

thịnh hành
팅 하잉

● 【유행하는】

아오자이를 맞춰 입어 봅시다.

베트남으로 말하자면 바디 라인이 딱 맞는 상의에 하늘하늘한 바지인 아오자이가 유명한 곳. 자신의 체형에 맞게 만들어서 입어 봅시다.

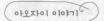

아오자이 이야기

몸의 라인을 아름답게 보여 주는 아오자이. '아오=의상', '자이=길다'라는 의미로 바람에 날리는 우아한 실루엣이 매력적입니다. 세계에서 아름다운 민족 의상 중 하나로 알려져 있습니다.

옷깃
cổ áo
꼬오 아오

옷깃은 차이나 칼라라고 불리는 기본 칼라이다.

옷감
vải
바이

고온 다습한 기후로 인해 얇은 천을 선호한다.

옷태
đường nét cơ thể
드엉 넷 꺼 테에

몸 선을 강조하는, 딱 달라붙는 세로 라인이 인상적이다.

트임
rãnh cắt
자잉 깟

양옆에 깊은 슬릿이 있다. 흩날리는 상의가 우아하다.

바지
quần
꾸원

긴 바지. 넓은 폭이어서 편하다.

주문 제작으로 마음에 드는 옷을 얻어 봅시다.

1 디자인 정하기
카탈로그나 샘플을 참고하며 디자인을 생각합시다. '옷깃은 이것', '소매는 이렇게' 등 디자인을 조합하거나 배열해 봅시다.

2 천 고르기
디자인만큼이나 스타일을 크게 좌우하는 것이 천입니다. 최근에는 일상적으로 입는 아오자이에 레이온이나 폴리에스테르를 사용하는 것이 주류입니다.

3 사이즈 재기
어깨선, 가슴 둘레, 허리 둘레, 엉덩이 둘레 등을 측정합니다. 상의 기장이나 소매의 길이, 옷깃의 열림 정도를 상의하는 것을 잊지 말기!

4 시착하여 사이즈 확인하기
완성되면 호텔로 배송해주는 서비스 등도 있지만 가능하면 시착을 해 봅시다. 꽉 끼는 사이즈의 조정도 그 자리에서 가능합니다.

어디에서 주문 제작이 가능한가요?

번화가의 재봉소에서 주문하는 것이 가능합니다. 천이 나란히 걸려 있기 때문에 바로 알아챌 수 있습니다. 호찌민이나 하노이에는 관광객을 대상으로 하는 고급 점포도 있습니다. 한국어가 가능한 곳도 있고 디자인도 세련된 것이 많으므로 추천합니다.

원포인트 주문 제작 시 주의할 점

1. 간단한 디자인이라면 당일 제작이 가능한 곳도 있지만 통상 1~3일 정도가 걸립니다. 수정해야 하는 시간도 생각해서 여행 초반에 주문 제작을 하는 것을 추천합니다.

2. 원하는 디자인을 알려 줄 때는 잡지나 사진을 활용하는 것이 편리합니다. 원하는 디자인을 발견했다면 꼭 들고 가서 보여 줍니다.

3. 디자인이나 천을 고를 때는 눈 깜짝할 사이에 시간이 지나가 버리기 때문에 여유를 가지고 계획을 짭니다.

아오자이를 입고 기념 사진을 찍어 봅시다

'아오자이는 입고 싶지만 주문 제작을 하기에는 돈이나 시간이 많이 든다' 라고 생각하는 분은, 대여점에서 빌리는 것도 추천합니다. 사진 스튜디오에서 프로 사진 작가가 촬영해 주므로 좋은 기념 사진을 찍을 수 있습니다.

● 어떤 색을 고르는 게 좋을까?

지금은 어떤 색을 입어도 좋으나 젊은 사람은 하얀색, 연파랑이 조금 있다면 검은색을 입는 것이 기본이었습니다. 학생복으로는 하얀색 아오자이를 입습니다.

● 어떤 형태가 있을까?

베트남 사람이 주문할 때 고집하는 것은 옷깃의 길이와 바지의 폭 등입니다. 피부를 노출시키는 것은 금기시되어 있었지만 최근에는 소매 없는 디자인도 젊은 사람들 사이에서 인기입니다.

● 어떤 소재가 있을까?

더운 날씨인 베트남에서는 얇은 천인 시원한 폴리에스테르를 추천합니다. 폴리에스테르 이외에 실크, 벨벳 등도 있습니다.

● 아오자이 이외에 같이 착용하는 것은?

굽이 있는 샌들을 맞춰 입으면 잘 어울립니다. 짚으로 만든 모자를 쓰는 것이 일반적이지만, 모자의 긴 모양이 거슬린다면 손으로 들고 있어도 좋습니다.

도움이 되는 단어장 WORD

		폴리에스테르 polyester 뽈리에스떠		바틱 염색 기법 nhuộm batik 뉴옴 바띡
트임	rãnh cắt 자잉 깟	실크	lụa 루아	옷깃	cổ áo 꼬오 아오
		꽃무늬	hoa văn 호아 반	합성의	lai 라이
수작업으로 만든 비단	tơ nhân tạo 떠 년 따오	꽃 모양	hình bông hoa 힝 봉 화	바지	quần 꾸원

마음에 드는 구두나 가방을 사러 가고 싶어요.

베트남에는 귀엽고 개성 있는 구두나 가방이 한가득!
점원과 이야기하면서 즐겁게 쇼핑해 봅시다!

구두 가게에서

이거 36사이즈 있나요?	**Cái này có size 36 không?** 까이 나이 꺼 싸이즈 바므어이 싸우 콤 Do you have this in 36 ? 참고 P.56
아마 좀 작을[클] 것 같아요.	**Hình như hơi chật[hơi rộng].** 힝 느 허이 쩟[허이 좀] This is a little bit tight[loose].
발가락이 아파요.	**Trúng ngón chân.** 쭝 응언 쩐 My toes hurt.
반사이즈 정도 큰 것이 있나요?	**Có cỡ lớn hơn khoảng nửa size không?** 꺼 꺼어 런 헌 코왕 느아 싸이즈 콤 Do you have a half-size bigger than this?
굽이 너무 높은[낮은] 것 같아요.	**Gót hơi cao[thấp] quá.** 것 허이 까오[텁] 꾸아 I think the heels are too high[low].
잘 맞네요!	**Rất vừa!** 젓 브아 This is perfect!
전 이거 마음에 들어요.	**Tôi thích cái này.** 또이 틱 까이 나이 I like this one.

도움이 되는 단어장 WORD				
		나막신	guốc 구옥	천으로 만든	bằng vải 방 바이
		단화	giày búp bê 지아이 붑 베	가죽으로 만든	bằng da 방 자
신발	giày 지아이	굽이 낮은 구두	giày mềm thấp gót 지아이 멤 텁 것	나일론으로 만든	bằng ni lông 방 니 롱
하이힐	giày cao gót 지아이 까오 것	해변용 샌들	dép đi biển 젭 디 비엔	유약을 바르다	tráng men 짱 멘
샌들	giày xăng đan 지아이 쌍 단	운동화	giày thể thao 지아이 테에 타오	걷기 편하다	dễ đi bộ 제에 디 보

가방 가게에서

일할 때 쓸 검은색 가방 하나를 사고 싶어요.

Tôi muốn mua một cái túi màu đen để đi làm.
또이 무온 무아 못 '까이 뚜이 마우 덴 데에 디 람
I'd like a black bag for work.
참고 P.61

잠글 수 있는 단추[지퍼]가 있는 걸 원해요.

Tôi muốn cái có nút[khóa kéo] để khóa lại.
또이 무온 까이 꺼 눗[콰 께오] 데에 콰 라이
I want one with buttons[zippers].

더 큰[더 작은]것 있나요?

Có cái lớn hơn[nhỏ hơn] không?
꺼 까이 런 헌[녀어 헌] 콤
Do you have a bigger[smaller] one?

다른 색 있나요?

Có màu khác không?
꺼 마우 칵 콤
Do you have a different color?

새것 있나요?

Có cái mới không?
꺼 까이 머이 콤
Do you have a new one?

어떤 게 잘 팔리나요?

Cái nào được mọi người ưa thích?
까이 나오 드억 머이 응어이 으아 틱
Which one is popular?

저는 선명한 색이 좋아요.

Tôi thích cái có màu sắc sỡ.
또이 틱 까이 꺼 마우 싹 써어
I'd like one in vivid color.

주머니나 칸막이가 있는 게 있나요?

Có cái nào có túi hoặc vách ngăn không?
꺼 까이 나오 꺼 뚜이 호악 바익 응안 콤
Do you have one that has pockets or compartments?

도움이 되는 단어장 WORD		여행용	dùng để đi du lịch 줌 데이 디 주 릭	지퍼	khóa kéo 콰 께오
		출근용	dùng để đi làm 줌 데이 디 람	가죽으로 만든	bằng da 방 자
핸드백	túi xách tay 뚜이 싸익 따이	일상용	dùng hàng ngày 줌 항 응아이	천으로 만든	bằng vải 방 바이
숄더백	túi đeo vai 뚜이 데오 바이	어깨끈이 있는[없는]	có[không có] dây đeo vai 꺼[콤 꺼] 저이 데오 바이	방수	chống thấm nước 종 텀 느억
가방	giỏ xách 져 싸익	주머니	túi 뚜이	작은	nhỏ 녀어

65

액세서리를 사러 가 봅시다.

베트남이라면 센스있는 액세서리가 유명하죠.
내 것도 사고, 선물용으로도 사고, 몇 가지 둘러보다 보면 모두
사고 싶어져요.

액세서리를 찾아봅시다

이 반지 좀 보여 주세요.	**Cho tôi xem cái nhẫn này.** 쩌 또이 쌤 까이 녀언 나이 Could I see this ring?
이건 어떤 돌(원석)인가요?	**Đây là đá gì?** 더이 라 다 지 What is this stone?
이건 몇 캐럿인가요?	**Cái này mấy ca rát?** 까이 나이 머이 까 랏 What carat is this?
베트남산이죠?	**Sản phẩm của Việt Nam à?** 싸안 퍼엄 꾸아 비엣 남 아 Is this made in Vietnam?
금속 부분이 순금[순은] 인가요?	**Phần kim loại là bằng vàng[bạc] ròng à?** 펀 낌 로아이 라 방 방[바] 좀 아 Is the metal part pure gold[silver]?
착용 해봐도 될까요?	**Đeo thử được không?** 데오 트으 드억 콤 May I try this on?
선물용으로 포장해 주세요.	**Gói làm quà giùm.** 거이 람 꾸아 지움 Please make it a gift.
따로 포장해 주세요.	**Gói riêng ra giùm.** 거이 지엥 자 지움 Please wrap these individually.
리본으로 묶어 주세요.	**Gắn dây nơ giùm.** 간 저이 너 지움 Could you put some ribbons?
깨지지 않게 잘 싸주세요.	**Gói lại cẩn thận để tránh bị vỡ.** 거이 라이 꺼언 턴 데에 짜잉 비 버어 Could you wrap it not to break?

| _____ 주세요. |
| Cho tôi _____ . |
| 쩌 또이 [_____] |
| [_____] , please. |

액세서리
đồ trang sức
도 짱 쓱

nhẫn
녀언

● 【반지】

dây chuyền 저이 쭈이엔 ● 【목걸이】	**mặt dây chuyền** 맛 저이 쭈이엔 ● 【목걸이 펜던트】	**vòng đeo tay** 벙 데오 따이 ● 【팔찌】	**bông tai** 봉 따이 ● 【귀걸이】
kẹp tóc 깹 떡 ● 【머리핀】	**kẹp tóc** 깹 떡 ● 【머리핀】	**dây nơ cột tóc** 저이 너 꼿 떡 ● 【머리 끈】	**thun cột tóc** 툰 꼿 떡 ● 【머리 끈 (고무줄 형태)】
gương soi cầm tay 그엉 써이 껌 따이 ● 【손거울】	**khăn choàng cổ** 칸 쪼앙 꼬오 ● 【머플러】	**cài tóc** 까이 떡 ● 【머리띠】 **đồng hồ đeo tay** 돔 호 데오 따이 ● 【손목시계】	**bông tai kẹp** 봉 따이 깹 ● 【이어커프】 **bông cài áo** 봉 까이 아오 ● 【브로치】

참고 P.59

도움이 되는 단어장 WORD		은바늘	vảy bạc 바이 박	진주	ngọc trai 응옥 짜이
		레이스	ren 랜	루비	hồng ngọc 홍 응옥
금	vàng 방	비즈	hạt cườm 핫 끄엄	사파이어	ngọc xa-phia 응옥 싸 피아
은	bạc 박	크리스털	thủy tinh 투위 띵	토파즈	hoàng ngọc 호앙 응옥
백금	bạch kim 바익 낌	다이아몬드	kim cương 낌 끄엉	터키석	ngọc lam 응옥 람
캐럿	ca rát 까 랏	에메랄드	ngọc lục bảo 응옥 룩 바오	자수정	thạch anh tím 타익 아잉 띰

뭐든지 다 있는 시장에 가 봅시다.

신선한 식재료나 꽃 등 여러 가게들이 즐비해 있는 시장은 보는 것만으로도
활기가 넘칩니다. 현지 사람들과 섞여 여기저기를 걸어 다녀 봅시다.

시장에서 이야기꽃을 피워 봅시다

제철 채소[과일]이 뭔가요?	**Rau[trái cây] gì đang vào mùa?** 자우[짜이 꺼이] 지 당 바오 무아 Which vegetable[fruit] is in season now?

원산지가 어디인가요?	**Cái này xuất xứ từ đâu?** 까이 나이 쑤왓 쓰 뜨 더우 Where is this made?

사탕수수 물 1잔 주세요.
Cho tôi một ly nước mía.
쩌 또이 못 리 느억 미아

망고 4개랑 파파야 1개 주세요.	**Cho tôi 4 trái xoài và một trái đu đủ.** 쩌 또이 본 짜이 쏘아이 바 못 짜이 두 두우 Four mangos and a papaya, please.	참고 P.150

연잎차 200그램 주세요.	**Cho tôi 200 gram trà sen.** 쩌 또이 하이 짬 그람 짜 쎈 200 grams of lotus tea, please.	참고 P.150

베트남 드립 커피 있나요?	**Có cà phê phin[nhỏ giọt] của Việt Nam không?** 꺼 까 페 핀[녀어 지엇] 꾸아 비엣 남 콤 Do you have a dripper for Vietnamese coffee?

아오자이 만들 천 2미터 주세요.	**Cho tôi hai mét vải may áo dài này.** 쩌 또이 하이 멧 바이 마이 아오 자이 나이 2 meters of this cloth for ao dai, please.

하나만 사도 되나요?	**Mua có một cái được không?** 무아 꺼 못 까이 드억 콤 Can I buy just one of these?

포장해 주실 수 있나요?	**Gói cái này được không?** 거이 까이 나이 드억 콤 Could you wrap it?

시식할 수 있나요?
Nếm thử được không?
넴 트으 드억 콤

전부 얼마예요?	**Tất cả là bao nhiêu?** 떳 까아 라 바오 니에우 How much is it in total?

1킬로당 얼마예요?	**Giá một ký là bao nhiêu?** 쟈 못 끼 라 바오 니에우 Is this the price for one kilogram?

시장에서 이야기할 때의 핵심은?

활기가 넘치는 시장에서는 말이 통한다면 기분 좋은 서비스를 기대할 수 있어요! 시장에서는 대개 가격표가 없으므로 부끄러워하지 말고 가격 흥정에 도전해 봅시다.

수량을 잴 때는 이렇게 합니다

| một ký ba mươi nghìn đồng 못 끼 바 므어이 응인 동 | **1킬로에 3만 동이에요.** | một bó mười nghìn đồng 못 버 므어이 응인 동 | **한 묶음에 1만 동이에요.** |

một bình 못 빙	1병	một thùng/một lon 못 퉁/못 런	1통/1개	một bịch 못 빅	1봉지
một gói 못 거이	1묶음	một cái 못 까이	1개	một lưới 못 르어이	1망
một rổ 못 조오	1바구니	một củ 못 꾸우	1뿌리	một tá 못 따	1다스

시장에서 가격 흥정에 도전

안녕하세요.

Xin chào.
씬 짜오

어서 오세요. 둘러보세요.

Xin mời. Cứ xem đi.
씬 머이 끄 쌤 디

이거 조금만 살 수 있나요?

Cái này có bán lẻ không?
까이 나이 꺼 반 레 콤

5개 이상부터 팔아요.

Chỉ bán từ năm cái trở lên.
지이 반 뜨 남 까이 쩌어 렌

얼마예요?

Bao nhiêu?
바오 니에우

6개 사시면 할인해서 10만 동이에요.

Nếu mua sáu cái thì bớt còn một trăm nghìn đồng.
네우 무아 싸우 까이 티 벗 껀 못 짬 응인 동

조금 더 할인해주실 수 있나요?

Bớt chút nữa được không?
벗 쭛 느아 드억 콤

네 가능해요. 그러면 9만 동에 드릴게요.

Ừ được. Vậy thì chín mươi nghìn đồng nhé.
으 드억 버이 티 찐 므어이 응인 동 녜

69

마음에 드는 도자기를 찾아봅시다.

꽃병이나 섬세한 그림 등 베트남에는 귀여운 도자기가 한가득!
손으로 그린 그림을 넣은 도자기는 하나하나 표정이 다릅니다.
조용히 살펴보며 마음에 드는 한 점을 골라 봅시다.

마음에 드는 것을 찾아봅시다

이 컵 보여 주세요.	**Cho tôi xem cái ly này.** 쩌 또이 쌤 까이 리 나이 I'd like to see this cup.
이건 무슨 모양인가요?	**Hình này là hình gì à?** 힝 나이 라 힝 지 아 What is this design?
이건 밧짱 도자기인가요?	**Cái này là gốm Bát Tràng à?** 까이 나이 라 곰 밧 짱 아 Is this Bat Trang Ceramic?
쏭베(지명) 술잔 있나요?	**Có đồ uống rượu gốm Sông Bé không?** 꺼 도 우옹 즈어우 곰 쏭 베 콤 Do you have a Song Be drinking vessels?
더 심플한 디자인의 제품 있나요?	**Có kiểu nào đơn giản hơn không?** 꺼 끼에우 나오 던 지안 헌 콤 Do you have one with a simple design?
꽃 모양 찻잔 하나 주세요.	**Cho một tách trà hình bông hoa.** 쩌 못 따익 짜 힝 봉 화 A set of cup with a flower design, please.
여기 긁힌 자국이 있어요.	**Ở đây có vết trầy.** 어어 데이 꺼 벳 쩌이 There is a crack.
이거 깨졌네요.	**Cái này bị nứt.** 까이 나이 비 늣 This one is broken.
따로 포장해 주세요.	**Gói riêng ra giùm.** 거이 지엥 자 지움 Please wrap these individually.
안 깨지도록 잘 포장해 주세요.	**Gói lại cần thận để tránh bị vỡ nhe.** 거이 라이 껀 턴 데에짱 비 버어 녜 Could you wrap it not to break?

LOOK

[   ] 주세요.

Cho tôi [   ].

쩌 또이 [   ]

[   ], please.

도자기
đồ gốm
도 곰

đĩa
디아

● 【접시】

bát canh
밧 까잉

● 【국 그릇】

chén
짼

● 【작은 그릇 , 컵】

đĩa đựng món khai vị
디아 등 먼 카이 비

● 【애피타이저용 그릇】

bình trà
빙 짜

● 【찻주전자】

tách và đĩa
따익 바 디아

● 【잔과 접시】

bộ bình trà
보 빙 짜

● 【찻잔 세트】

bình và chén uống rượu sake
빙 바 쨴 우옹 즈어우 싸께

● 【술용 주전자와 잔】

ly bia
리 비아

● 【맥주잔】

đồ đựng gia vị
도 등 쟈 비

● 【양념통】

đồ đựng muối và tiêu
도 등 무오이 바 띠에우

● 【소금 , 후추용 통】

đồ đựng những vật nhỏ
도 등 느응 벗 녀어

● 【작은 것을 넣는 통】

bình hoa
빙 화

● 【꽃병】

원포인트 도자기의 산지, 종류

베트남 도자기는 손수 만든 소박함이 매력적입니다. 가장 유명한 도자기는 하노이 근교의 밧짱에서 밧짱 기법으로 만들어진 도자기로, 베트남 도자기의 대명사로 꼽히고 있습니다. 호찌민 근교의 손베도 도자기 산지로 잘 알려져 있습니다.

안남무늬자기
푸른색 채색 도구로 그림을 그려 만들어 낸 도자기. 무늬는 꽃, 식물, 물고기 등이다.

백자
하얀 소재의 투명한 유약을 발라 우윳빛이 난다.

적회
붉은색을 중심으로 청색과 황색 등을 그 위에 덧그린 것. 오채(五彩)라고도 한다.

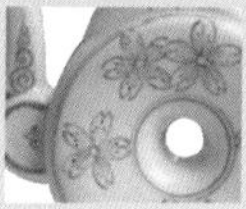

흑자
검은 유약을 발라 구워낸 검은색 도자기. 질감이 부드럽다.

청자
약이 포함된 철분이 화학 변화를 일으켜 신비한 느낌의 청록색으로 변한 도자기.

베트남 스타일 디자인의 굿즈를 기념품으로

통통 튀고 재미있는 디자인부터 세련되고 심플한 디자인까지.
베트남에서 파는 잡화에는 베트남스러움이 물씬 담겨 있습니다.

이거랑 같은 것 있나요?
Có cái nào giống cái này không?
쩌 까이 나오 지옹 까이
나이 콤

주방 장갑
đồ cầm nồi
도 껌 노이
연꽃 무늬가 그려져 있어
귀엽다.

과일 모양 포크 1쌍
bộ nĩa hình trái cây
보 니아 힝 짜이 꺼이
드래곤 프루트를 모티브로
해서 귀엽다.

가방
túi
뚜이
소수 민족의 전통적인 무늬
와 모티브를 따왔다.

오른쪽에서 세 번째 거
보여 주세요.
**Cho tôi xem cái thứ
ba từ bên phải sang.**
쩌 또이 쌤 까이 트 바 뜨
벤 파이 쌍

티셔츠
áo thun
아오 툰
베트남 국기가 그려져 있
는 평범한 티셔츠 별무늬
가 귀엽다.

색이 다른 것을 갖추어 놓는 것도 예쁘다

다른 색을 원하는 경우에는「Có màu khác không?(꺼 마우 칵 콤-다른 색 있어요?)」라고 물어봅시다.

도장
con dấu
껀 저우

좋아하는 디자인이나 사이즈로 새길 수 있다.

후추 가는 도구
đồ xay tiêu
도 싸이 띠에우

핑크색이 굉장히 귀엽다.

깨지지 않게 포장하는 걸 도와주실 수 있나요?

Gói lại cho tránh vỡ giúp tôi được không?

거이 라이 쩌 짜잉 버어 지웁 또이 드억 콤

차를 따뜻하게 유지하는 바구니
giỏ giữ nhiệt ấm trà
져어 지으 니엣 엄 짜

다기를 쏙 넣어 언제든지 차를 따뜻하게 마실 수 있다.

열쇠 꾸러미
xâu chìa khóa
써우 찌아 콰

둥글둥글한 표정을 보면 힐링된다.

따뜻한 차 세트
bộ ấm trà
보 엄 짜

컬러풀한 색 조합이 차를 우리는 시간을 즐겁게 만들어 준다.

다 합쳐서 얼마예요?

Tất cả là bao nhiêu?

떳 까아 라 바오 니에우

슈퍼마켓에서 기념품을 찾아봅시다.

기념품을 사는 게 망설여진다면 꼭 슈퍼마켓에 가 봅시다.
베트남이라면 식료품, 귀여운 일용품 등 저렴하고 좋은 물건을 꼭 찾을 수 있을 것입니다.

즉석 쌀국수
phở ăn liền
퍼어 안 리엔

한국에 돌아와도 가볍게 베트
남 음식을 즐길 수 있다.

라이스페이퍼
bánh tráng
바잉 짱

이것을 사용해 맛있는 월남쌈
을 만드는 것에 도전!

부침가루
bột bánh xèo
봇 바잉 쎄오

재료를 충분히 넣어서 베트남
의 맛을 재현해 보자.

베트남 칠리소스
sốt tương cay
쏫 뜨엉 까이

짜릿한 매운맛 소스로, 요리
가 베트남풍으로 변신.

소고기장조림 통조림
bò kho đóng hộp
버 커 덩 홉

베트남풍 비프스듀. 보코 통
조림.

새우칩
bánh phồng tôm
바잉 퐁 똠

기름에 튀기면 바삭한 새우과
자가 완성!

도움이 되는 단어장 WORD		즉석 수프	súp ăn liền 쑵 안 리엔	마스크	khẩu trang 커우 짱
		밀크티	trà sữa 짜 쓰아	샴푸	dầu gội đầu 저우 고이 더우
말린 과일	trái cây khô 짜이 꺼이 코	찻잎	lá trà 라 짜	린스	dầu xả 저우 싸아
비스킷	bánh quy 바잉 뀌	젓가락	đũa 두아	비누	xà bông 싸 봉
베트남식 케이크	bánh khoai mì 바잉 코와이 미	숟가락	muỗng 무옹	폼클렌징 (얼굴용)	thuốc rửa mặt 투옥 즈아 맛
사탕	keo 께오	수프용 숟가락	muỗng canh 무옹 까잉	치약	kem đánh răng 껨 다잉 랑

비나커피
cà phê Vina
까 페 비나

베트남 커피에서만 느낄 수 있는 깊은 맛을 볼 수 있다.

연잎차
trà sen
짜 쎈

베트남 전통차를 티백으로 손쉽게 맛볼 수 있다.

333 맥주
bia 333
비아 바바

베트남 맥주의 표본으로 불리는 333.

코코넛 사탕
kẹo dừa
께오 즈아

코코넛을 녹여 굳힌 농후한 맛을 느낄 수 있다.

녹두콩 양갱
bánh đậu xanh
바잉 더우 싸잉

옛날부터 소박한 맛으로 북부 지역에서 인기 있는 과자.

쌀가루로 만든 크림
kem dưỡng trắng bằng bột gạo
껨 즈엉 짱방 봇 가오

쌀의 생산량이 많은 베트남에서 볼 수 있는 제품. 자외선 차단 효과도 있다.

즐겁게 쇼핑해 봅시다

과자 코너는 어디에 있나요?

Quầy bán bánh kẹo ở đâu?
꾸워이 반 바잉 께오 어 더우
Where is the candy section?

이 가게의 시그니처 상품은 뭔가요?

Sản phẩm làm riêng của cửa hàng này là gì?
싸안 퍼엄 람 지엥 꾸아 끄아 항 나이 라 지
Do you have any original products?

아침 몇 시에 열어요?

Mở cửa từ mấy giờ sáng?
머어 끄아 뜨 머이 져 쌍
What time do you open in the morning?

75

LOOK

을/를 찾고 있어요.

Tôi đang tìm [   ].

또이 당 띰

I'm looking for [   ].

생활용품
đồ dùng hàng ngày
도 쥼 항 응아이

khăn ăn
칸 안

● 【냅킨】

đồ cầm nồi
도 껌 노이

● 【주방 장갑】

lót cốc
럿 꼭

● 【컵 받침】

khăn trải bàn nhỏ
칸 짜이 반 녀어

● 【개인용 식탁보】

khăn nhỏ đặt giữa bàn
칸 녀어 닷 지으아 반

● 【테이블 러너】

---

tủ đựng rượu vang
뚜 등 즈어우 방

● 【와인 보관함】

phin cà phê
핀 까 페

● 【커피 필터】

đũa
두아

● 【젓가락】

khay
카이

● 【쟁반】

đồ vật nhỏ
도 벗 녀어

● 【작은 소품】

hộp trang sức
홉 짱 쓱

● 【보석함】

nến
넨

● 【초】

lư hương
르 흐엉

● 【향로】

---

túi nhỏ
뚜이 녀어

● 【파우치】

dép trong nhà
젭 쫑 냐

● 【실내화】

gương soi cầm tay
그엉 써이 껌 따이

● 【손거울】

lược
르억

● 【빗】

---

dây deo điện thoại di động
저이 데오 디엔 토아이 지 돔

● 【휴대폰에 거는 줄】

ví bằng hạt cườm
비 방 핫 끄엄

● 【비즈로 만든 지갑】

túi vải
뚜이 바이

● 【천으로 만든 가방】

túi mỹ phẩm
뚜이 미이 퍼엄

● 【화장품 파우치】

khăn tay 칸 따이 ● 【손수건】	**ví hộ chiếu** 비 호 찌에우 ● 【여권 케이스】	**đồ dựng điện thoại di** **động** 도중 디엔 토와이 지 돔 ● 【휴대폰 받침대】	**vở sách** 버어 싸익 ● 【공책】
túi điện thoại di động 뚜이 디엔 토와이 지 돔 ● 【휴대폰 주머니】	**túi đựng đồ lót** 뚜이 등 도 랏 ● 【속옷 파우치】	**bao gối** 바오 고이 ● 【천 베개】	**tủ áo quần** 뚜우 아오 꾸원 ● 【옷장】
đèn 덴 ● 【전등】	**giỏ nhựa** 지어 느아 ● 【나무 바구니】	**ví đựng tiền lẻ** 비 등 띠엔 레에 ● 【동전 지갑】	**ví** 비 ● 【지갑】
con dấu 껀 저우 ● 【도장】	**thiệp** 티엡 ● 【카드】	**sách vở** 싸익 버어 ● 【노트】	**hộp bút** 홉 붓 ● 【필통】
tấm lót con chuột 떰 럿 껀 쭈옷 ● 【마우스 패드】	**tấm tem** 떰 뗌 ● 【우표】	**thú nhồi bông** 투 뇨이 봉 ● 【인형】	**bức tượng** 븍 뜨엉 ● 【조각상】
búp bê 붑 베 ● 【인형】	**mũ** 무우 ● 【모자】	**nón lá** 넌 라 ● 【논(베트남 모자)】	**đồ thủ công mỹ nghệ** 도 투우 꽁 미이 응예 ● 【예술 공예품】

먼저 길거리를 거닐어 볼까요?

아시아다운 열기가 넘치는 다채로운 분위기의 베트남.
먼저 길거리를 걸으며 그 매력을 피부로 느껴 봅시다.

길을 묻는 표현

뭐 좀 여쭤봐도 될까요?
Cho tôi hỏi một chút.
쩌 또이 허이 못 쭛
Excuse me. May I ask you something?

호찌민 시청에 가고 싶어요.
Tôi muốn đi đến Tòa nhà ủy ban nhân dân.
또이 무온 디 덴 또아 냐 우이 반 년 전
I'd like to go to the Ho Chi Minh City Hall.
참고 P.86

오른쪽으로 도시면 왼쪽에 보일 거예요.
Rẽ phải thì sẽ thấy ở bên trái.
제에 파이 티 쎄에 터이 어어 벤 짜이
Turn right and it's on your left.

따라오세요.
Đi theo tôi.
디 테오 또이
Follow me.

이 주소로 가고 싶어요.
Tôi muốn đi đến địa chỉ này.
또이 무온 디 덴 디아 찌이 나이
I'd like to go to this address.

이 지도에서 어디예요?
Trong bản đồ này thì ở đâu?
쫑 바안 도 나이 티 어어 더우
Where is it on this map?

여기가 어디예요?
Đây là đâu vậy?
데이 라 더우 버이
Where am I?

길을 잃었어요.
Bị lạc đường rồi.
비 락 드엉 조이
I'm lost.

이 길 이름이 뭔가요?
Đây là đường gì ạ?
데이 라 드엉 지아
What is this street's name?

제일 가까운 역이 어디예요?
Ga gần nhất ở đâu?
가 건 녓 어어 더우
Where is the nearest station?

실례합니다.
Xin lỗi.
씬 로이

감사합니다.
Cám ơn.
깜 언

길을 물을 때 쓰는 단어

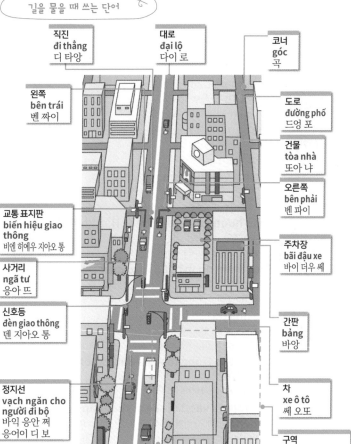

직진
đi thẳng
디 타앙

대로
đại lộ
다이 로

코너
góc
곡

왼쪽
bên trái
벤 짜이

도로
đường phố
드엉 포

건물
tòa nhà
또아 냐

오른쪽
bên phải
벤 파이

교통 표지판
biển hiệu giao thông
비엔 히에우 지아오 통

주차장
bãi đậu xe
바이 더우 쎄

사거리
ngã tư
응아 뜨

신호등
đèn giao thông
덴 지아오 통

간판
bảng
바앙

정지선
vạch ngăn cho người đi bộ
바익 응안 쩌 응어이 디 보

차
xe ô tô
쎄 오또

구역
khu vực
쿠 븍

보도
via hè
비아 헤

먼저 길거리를 거닐어 볼까요?

관광지에서

오늘 미술 박물관을 여나요?
> Hôm nay viện Bảo tàng Mỹ thuật có mở cửa không?
> 홈　나이 비엔 바오 땅　미이 투엇　꺼 머어 끄아 콤
> Is the museum open today?
> 참고 P.86

열어요./ 쉬어요.
> Mở./Nghi.
> 머어 / 응이
> Yes, it is./No, it isn't.

입장료가 얼마인가요?
> Vé vào cửa bao nhiêu?
> 베 바오 끄아 바오 니에우
> How much is the admission?

한 사람당 1만 동이에요.
> Một người mười nghìn đồng.
> 못　응어이 므어이 응인　동
> 10,000 vnd per person.
> 참고 P.150

대인 2명이요.
> Cho hai vé người lớn.
> 쩌　하이 베 응어이 런
> Two adults, please.
> 참고 P.150

한국어로 된 안내 책자 있나요?
> Có tờ hướng dẫn bằng tiếng Hàn không?
> 꺼 떠 흐엉　저언 방　띠엥　한　콤
> Do you have a Korean brochure?

가이드 투어는 몇 시에 시작하나요?
> Tour tham quan bắt đầu từ mấy giờ?
> 뚜어 탐　꽌　밧 더우 뜨 머이 져
> What time does the guided tour start?

저 건물 이름이 뭔가요?
> Tòa nhà đó tên là gì?
> 또아 냐　더 뗀　라 지
> What is the name of that building?

건물 안으로 들어갈 수 있나요?
> Có thể vào trong tòa nhà được không?
> 꺼 테에 바오 쫑　또아 냐　드억　콤
> Can I go inside of the building?

출구[입구/비상구]가 어디인가요?
> Cửa ra[Cửa vào/Lối ra khi khẩn cấp] ở đâu?
> 끄아 자[끄아 바오/러이 자 키 커언 껍]　어어 더우
> Where is the exit[entrance/emergency exit]?

엘리베이터가 어디에 있나요?
> Thang máy ở đâu?
> 탕　마이 어어 더우
> Where is the elevator?

사진 좀 찍어 주실 수 있나요?	**Chụp ảhh giùm tôi được không?** 쭙 아잉 지윰 또이 드억 콤 Could you take a photo?
눌러 주세요.	**Xin bấm vào đây.** 씬 벋 바오 더이 Press here, please.
플래시 사용해도 되나요?	**Dùng đèn flash được không?** 줌 덴 플레쉬 드억 콤 Can I use the flash?
저건 뭔가요?	**Cái đó là cái gì?** 까이 더 라 까이 지 What is that?
기념품 숍이 있나요?	**Có tiệm bán hàng lưu niệm không?** 꺼 띠엠 반 항 르우니엠 콤 Are there any gift shops?
조명이 몇 시에 켜지나요?	**Mấy giờ lên đèn?** 머이 져 렌 덴 What time does the illumination start?
이 박물관은 언제 지어졌나요?	**Viện bảo tàng này được xây dựng hồi nào?** 비엔 바오 땅 나이 드억 써이 증 호이 나오 When was this museum built?
19세기 전반기요.	**Nửa đầu thế kỷ mười chín ạ.** 느아 더우 테 끼이 므어이 찐 아 The first half of the nineteenth century.

참고 P.150

도움이 되는 단어장
WORD

관광안내	điểm hướng dẫn tham quan 디엠 흐엉 저언 탐 꾸완
표시	
대성당	đại thánh đường 다이 타잉 드엉
프랑스 식민 시기 건축물	
	kiến trúc thời thuộc pháp 끼엔 쭉 터이 투옥 팝

르네상스 방식	phương thức Renaissance 프엉 특 레나이쌴쓰
미술관	viện bảo tàng mỹ thuật 비엔바오 땅미이투왓
광장	quảng trường 꾸왕 쯔엉
공원	công viên 꽁 비엔
강	sông 쏭

다리	cầu 꺼우
세계 유산	di sản thế giới 지 싸안 테 져이
유적	di tích 지 띡
정원	vườn 브언
촬영 금지	cấm chụp ảnh 껌 쭙 아잉
출입 금지	cấm vào 껌 바오

먼저 길거리를 거닐어 볼까요?

관광 안내소를 이용해 봅시다

관광 안내소가 어디에 있나요?	**Trung tâm hướng dẫn tham quan ở đâu?** 쫑 떰 흐엉 저언 탐 꾸완 어어 더우 Where is the tourist information?
무료 지도 있나요?	**Có bản đồ phát miễn phí không?** 꺼 바안 도 팟 미엔 피 콤 Do you have a free map of this area?
여행 책자 좀 보여 주세요.	**Tôi xin một tờ quảng cáo du lịch.** 또이 씬 못 떠 꾸앙 까오 주 릭 Can I have a sightseeing brochure?
한국어로 된 것 있나요?	**Có bản tiếng Hàn không?** 꺼 바안 띠엥 한 콤 Do you have one in Korean?
이 도시에서 둘러 봐야 할 곳들 소개해 주세요.	**Xin giới thiệu những nơi cần xem trong thành phố này.** 씬 져이 티에우 느응 너이 껀 쎔 쫑 타잉 포 나이 Could you recommend any interesting places?
일일 관광지 추천해 주세요.	**Xin giới thiệu những nơi có thể đi trong ngày.** 씬 져이 티에우 느응 너이 꺼 테에 디 쫑 응아이 Could you recommend any places for a day trip?
풍경이 예쁜 곳이 있나요?	**Nơi nào có cảnh đẹp?** 너이 나오 꺼 까잉 뎁 Where is a place with a nice view?
그곳은 오늘 열었나요?	**Chỗ đó có mở cửa hôm nay không?** 쪼오 더 꺼 머어 끄아 홈 나이 콤 Is it open today?
휴무일은 언제인가요?	**Ngày nghỉ là ngày nào?** 응아이 응이 라 응아이 나오 When do they close?
화요일이요. / 쉬는 날 없어요.	**Thứ ba. / Không nghỉ.** 트으 바 / 콤 응이 Tuesday./They are open every day.
거기까지 걸어서 갈 수 있나요?	**Có thể đi bộ đến đó được không?** 꺼 테에 디 보 덴 더 드억 콤 Can I walk there?

참고 P.151

거기까지 먼가요?

Từ đây có xa không?
뜨 데이 꺼 싸 콤
Is it far from here?

가까워요. / 버스로 <u>10</u>분 걸려요.

Gần. / Đi xe buýt mất 10 phút.
건 / 디 쎄 부잇 멋 므어이 풋
No, it's not./It's ten minutes by bus.

참고 P.150

여기서 걸어가면 얼마나 걸려요?

Nếu đi bộ từ đây thì mất mấy phút?
네우 디 보 뜨데이 티 멋 머이 풋
How long does it take to walk from here?

가는 방법 좀 알려 주시겠어요?

Xin chỉ cho tôi cách đi.
씬 찌이 쩌 또이 까익 디
Could you tell me how to get there?

버스로 갈 수 있나요?

Có thể đi bằng xe buýt được không?
꺼 테에 디 방 쎄 붯 드억 콤
Can I go there by bus?

이 지도로 알려 주시겠어요?

Xin chỉ cho tôi theo bản đồ này.
씬 찌이 쩌 또이 테오 바안 도 나이
Could you tell me by this map?

어떤 랜드마크가 있나요?

Có dấu hiệu gì không?
꺼 저우 히에우 지 콤
Are there any landmarks?

여기서 가까운 여행 안내소[경찰서]가 있나요?

Gần đây có nơi hướng dẫn tham quan[trạm cảnh sát] không?
건 더이 꺼 너이 흐엉 저언 탐 꾸완[짬 까잉 쌋] 콤
Is there an information center[a police box] near here?

도움이 되는 단어장 WORD

교회	nhà thờ 냐 터	전망대	đài quan sát 다이 꾸완 쌋	분수	bồn phun nước 본 푼 느억
대성당	thánh đường để làm lễ 타잉 드엉 데에 람 레에	묘지	nghĩa trang 응이아 짱	해변	bờ biển 버 비엔
색안경	kính màu 낑 마우	타워	tháp 탑	시장	chợ 쩌
타일	gạch men 가익 멘	아쿠아리움	thủy cung 투이 꿍	티켓	vé 베
		크루즈 여행	tàu du lịch 따우 주 릭	가게	tiệm 띠엠
		야경	cảnh ban đêm 까잉 반 뎀	광고지	tờ quảng cáo 떠 꾸왕 까오

83

현지에서 신청하는 투어로 소확행을!

어디서부터 둘러볼지 망설여진다면 투어를 신청해 보는 것도 추천
코스, 일정, 조건 등을 확인하고 흥미 있는 투어를 찾아보세요.

투어 내용을 확인합시다

꾸찌에 가는 버스가 있나요?	**Có xe buýt đi Củ Chi không?** 꺼 쎄 빗 디 꾸우 찌 콤 Is there a bus that goes to Cu Chi?
종일[반나절] 투어 버스가 있나요?	**Có tour đi trong ngày[nửa ngày] không?** 꺼 뚜어 디 쫑 응아이[느아 응아이] 콤 Is there an one-day[a half-day] course?
몇 시에 모이나요?	**Tập trung lúc mấy giờ?** 떱 쭝 룩 머이 져 What time do we have to be there?
어디서 출발하나요?	**Khởi hành ở đâu?** 커이 하잉 어 더우 Where will we leave from?
픽업 되나요?	**Có đưa đón không?** 꺼 드아 던 콤 Does it include a pickup service?
식사를 포함한 비용인가요?	**Đây là giá bao gồm bữa ăn không?** 데이 라 쟈 바오 곰 브아 안 콤 Does it include the meal?

도움이 되는 단어장 WORD

		당일치기	đi về trong ngày 디 베 쫑 응아이	식사	bữa ăn 브아 안
		가격	giá 쟈	버스	xe buýt 쎄 빗
예약하다	đặt 닷	입장료	giá vào cổng 쟈 바오 꼬옹	야경	cảnh ban đêm 까잉 반 뎀
광고지	tờ quảng cáo 떠 꾸왕 까오	지불하다	trả 짜아	대인	người lớn 응어이 런
오전	buổi sáng 부오이 쌍	소개하다	giới thiệu 져이 티에우	소인	trẻ em 쩨에 엠
오후	buổi chiều 부오이 찌에우	취소 비용	tiền hủy 띠엔 후이	관광하다	tham quan 탐 꽌

84

이 투어 어디 가나요?	**Tour này đi những nơi nào?** 뚜어 나이 디 느응 너이 나오 Where does the tour visit?
이걸로 등록할게요.	Tôi đăng ký cái này. 또이 당 끼 까이 나이 I'll take this.
그랜드 호텔에서 타도 될 까요?	**Có thể lên xe từ Grand Hotel không?** 꺼 테에렌 쎄 뜨 그란드 호텔 콤 Can we join from the Grand hotel?
그랜드 호텔에서 내려도 될까요?	**Tôi xuống ở Grand Hotel được không?** 또이 쑤옹 어어 그란드 호텔 드억 콤 Can you drop us at the Grand hotel?
한국어를 할 수 있는 안내 원이 있나요?	**Có hướng dẫn viên nói tiếng Hàn không?** 꺼 흐엉 저언 비엔 너이 띠엥 한 콤 Does it have a Korean guide?
화장실이 어디예요?	**Nhà vệ sinh ở đâu?** 냐 베 씽 어어 더우 Where is the restroom?
몇 시에 출발하나요?	**Khởi hành lúc mấy giờ?** 커이 하잉 룩 머이 져 What time does it leave?
언제까지 돌아와야 하나요?	**Mấy giờ cần quay lại đây?** 머이 져 껀 꾸와이 라이 데이 What time should I be back here?
도착하려면 얼마나 더 가 야 하나요?	**Còn bao lâu nữa thì đến?** 껀 바오 러우 느아 티 덴 How much longer does it take to get there?
투어에 늦어 죄송합니다.	**Tôi xin lỗi vì đến trễ không kịp tour.** 또이 씬 로이 비 덴 쩨에콩 낍 뚜어 I'm sorry. I'm[We are] late for the tour.
투어 취소하고 싶어요.	**Tôi muốn hủy tour này.** 또이 무온 후이 뚜어 나이 I'd like to cancel the tour.
정말 즐거워요, 감사합니다.	**Rất vui, xin cám ơn.** 젓 부이, 씬 깜 언 I had a wonderful time, thank you.

LOOK

┌─────────────────────────────┐
│ [____] 에 가고 싶어요. │
│ **Tôi muốn đi đến** [____]. │
│ 또이 무온 디 덴 [_____] │
│ I'd like to go to [_____]. │
└─────────────────────────────┘

┌─────────────────┐
│ 호찌민 │
│ **Hồ Chí Minh** │
│ 호 찌 밍 │
└─────────────────┘

Nhà hát thành phố
냐 핫 타잉 포

● 【오페라 하우스】

Tòa nhà ủy ban nhân dân
또아 냐 우이 반 냔 전

● 【시청】

Tòa nhà Vincom
또아 냐 빈껌

● 【빈컴 센터】

Nhà thờ Đức Bà
냐 터 득 바

● 【노트르담 대성당】

Bưu điện trung tâm Sài Gòn
브우 디엔 쭝 떰 싸이 곤

● 【중앙 우체국】

Hội trường Thống nhất
호이 쯔엉 통 냣

● 【통일궁】

Nhà hát múa rối Rồng Vàng
냐 핫 무아 조이 좀 방

● 【황룡 인형극 극장】

Bảo tàng Chứng tích Chiến tranh
바오 땅 쯩 띡 찌엔 짜잉

● 【전쟁 기념 박물관】

Chợ Bến Thành
쩌 벤 타잉

● 【벤탄 시장】

Bảo tàng Hồ Chí Minh
바오 땅 호 찌 밍

● 【호씨민 박물관】

Bảo tàng Lịch sử
바오 땅 릭 쓰으

● 【역사 박물관】

Sài Gòn Sky Deck
싸이 곤 스카이 덱

● 【사이공 스카이 덱】

Đường Đề Thám
드엉 데 탐

● 【데탐 길】

Đường Phạm Ngũ Lão
드엉 팜 응우 라오

● 【응우 라오 길】

Nhà Thờ Cha Tam
냐 터 짜 땀

● 【짜땀 성당】

Chợ vải
쩌 바이

● 【천 시장】

Hội quán Ôn Lăng Phúc Kiến
호이 꾸완 온 랑 푹 끼엔

● 【온랑 사원】

Chùa Thiên Hậu
쭈아 티엔 허우

● 【티엔 허우 사원】

Nghĩa An Hội quán
응이아 안 호이 꾸완

● 【응이아 안 사원】

Chợ Bình Tây
쩌 빙 떠이

● 【빈떠이 시장】

Chùa Giác Lâm
쭈아 지악 럼

● 【지악럼 사원】

Chùa Khánh Vân Nam Viện 쭈아 카잉 번 남 비엔

● 【카잉 번 도교 사원】

Công viên Đầm Sen 꽁 비엔 덤 쎈

● 【담쎈 놀이공원】

Công viên Suối Tiên 꽁 비엔 쑤오이 띠엔

● 【쑤오이 띠엔 놀이공원】

끄우롱강(메콩강)
삼각주
Đồng Bằng Sông Cửu Long
동 방 쏨 끄우 롱

Chợ Mỹ Tho 쩌 미이 터

● 【미터 시장】

Chùa Vĩnh Tràng 쭈아 빙 짱

● 【빙 짱 사원】

Chợ Cần Thơ 쩌 껀 터

● 【껀터 시장】

Chợ Cái Răng 쩌 까이 장

● 【까이장 시장】

하노이
Hà Nội
하 노이

Nhà Hát Lớn 냐 핫 런

● 【하노이 오페라 하우스】

Đền Ngọc Sơn 덴 응옥 썬

● 【응옥썬 사당】

Nhà thờ lớn 냐 터 런

● 【성요셉 성당】

Nhà tù Hỏa Lò 냐 뚜 화 러

● 【호아로 형무소】

Hồ Hoàn Kiếm 호 호안 끼엠

● 【호안끼엠 호수】

Phố hàng khoai 포 항 코와이

● 【항 코와이 길】

Chợ Đồng Xuân 쩌 동 쑤원

● 【동 쑤원 시장】

Phố hàng chiếu 포 항 찌에우

● 【항 찌에우 길】

Đông Hà Môn 동 하 몬

● 【동하문】

Phố hàng giấy 포 항 지어이

● 【항 지어이 길】

Chùa Bạch Mã 쭈아 바익 마아

● 【바익 마아 사원】

Nhà cổ Mã Mây 냐 꼬오 마아 메이

● 【올드하우스 (기념비)】

Nhá hát múa rối Thăng Long 냐핫무아조이탕렁

● 【탕롱 인형극 극장】

Hàng Da Galleria 항 자 갈레리아

● 【가죽 갤러리】

Văn Miếu 반 미에우

● 【문묘】

87

LOOK

｜▭▭▭▭▭｜ 을/를 찾고 있어요.

Tôi đang tìm ｜▭▭▭▭▭｜.

또이 당 띰 ｜▭▭▭▭▭｜

I'm looking for ｜▭▭▭▭▭｜.

Bảo tàng Mỹ thuật 바오 땅 미이 투윗 ● 【미술 박물관】	**Chùa Một Cột** 쭈아 못 꼿 ● 【못꼿 사원 (한기둥 사원)】	

Lăng chủ tịch Hồ Chí Minh
랑 쭈우 띡 호 찌 밍

● 【호찌민 묘소】

Nhà Bác Hồ
냐 박 호

● 【호찌민 생가】

Đền Quán thánh
덴 꾸완 타잉

● 【타잉 사당】

Di tích Thăng Long
지 띡 탕 렁

● 【탕롱 유적】

Chùa Trấn Quốc
쭈아 쩐 꾸옥

● 【쩐꾸옥 사원】

Phủ Tây Hồ
푸우 떠이 호

● 【서호 저택】

Vịnh Hạ Long
빙 하 렁

● 【하롱베이(하롱만)】

후에
Huế
훼

Cung điện triều Nguyễn
꿍 디엔 찌에우 응우옌

● 【응우옌 궁】

Chợ Đông Ba
쩌 동 바

● 【동바 시장】

Cung An Định
꿈 안 딩

● 【안딘 궁】

Nhà thờ Dòng chúa cứu thế
냐 터 정 쭈아 끄우 테

● 【천주교 성당】

Quốc Học
꾸옥 혁

● 【베트남 명문 국립고등학교】

Chùa Thiên Mụ
쭈아 티엔 무

● 【티엔무 사원】

Chùa Báo Quốc
쭈아 바오 꾸옥

● 【불교 사찰】

Lăng Minh Mạng
랑 밍 망

● 【민망 황제릉】

Lăng Khải Định
랑 카이 딩

● 【카이딩 황제릉】

호이안
Hội An
호이 안

Miếu Quan Công
미에우 꾸완 꽁

● 【관공묘】

Xưởng thủ công mỹ nghệ Hội An
쓰엉 투우 꽁 미이 응에 호이 안

● 【호이안 예술 공예품 공장】

Đường Bạch Đằng
드엉 바익 당

● 【박 당 거리】

Nhà cổ Tấn Ký
냐 꼬오 떤 끼

● 【떤끼 고택】

Cầu Lai Viễn
꺼우 라이 비엔

● 【라이 비엔 다리】

Nhà cổ Phùng Hưng
냐 꼬오 풍 흥

● 【풍 흥의 옛집】

Hội quán Quảng Đông
호이 꾸완 꾸앙 동

● 【꽝동 사원】

Nhà cổ Quân Thắng
냐 꼬오 꾸완 탕

● 【꾸완 탕 옛 집】

Hội quán Phúc Kiến
호이 꾸완 푹 끼엔

● 【푸젠 화교회관】

Đền thờ nhà Trần
덴 터 냐 쩐

● 【쩐 사원】

다낭
Đà Nẵng
다 낭

Nhà thờ chính tòa Đà Nẵng
냐 터 찡 또아 다 낭

● 【다낭 교구 성당】

Bảo tàng điêu khắc Chăm
바오 땅 디에우 칵 짬

● 【조각 박물관】

Ngũ Hành Sơn
응우 하잉 썬

● 【응우 하인선 (석회암 언덕)】

Bãi biển Non Nước
바이 비엔 넌 느억

● 【논느억 해변】

도시로 걸어서
đi bộ trong thành phố
디 보 쫑 타잉 포

khách sạn
카익 싼

● 【호텔】

điện thoại công cộng
디엔 토와이 꽁 꽁

● 【공중전화】

ATM
아 떠 머

● 【ATM기】

tiền giấy
띠엔 지어이

● 【지폐】

tiền đồng
띠엔 돔

● 【동전】

cà phê Internet
카 페 인터넷

● 【인터넷 카페】

nhà hàng
냐 항

● 【음식점】

cà phê
까 페

● 【카페】

siêu thị
씨에우 티
● 【슈퍼】

nơi đổi tiền
너이 도이 띠엔
● 【환전소】

hiệu thuốc
히에우 투옥
● 【약국】

nhà vệ sinh
냐 베 씽
● 【화장실】

89

베트남의 매력적인 세계 문화유산을 방문해 봅시다.

절경이 펼쳐져 있는 하롱베이와 옛 수도의 풍경이 남아 있는 호이안 등, 베트남의 세계 문화유산은 모두 매력적입니다. 세계 문화유산을 둘러보고 새로운 베트남의 매력을 느껴보세요.

Ⓐ 호이안 옛 길
đường phố cổ của Hội An
드엉 포 꼬오 꾸아 호이 안

16~17세기 옛 거리가 남아 있어 일찍이 남쪽 항구로 번성했던 호이안. 일본을 시작으로 중국, 유럽 각국의 무역상이 머물렀었기에 세계 각국의 건축 양식의 건물이 늘어서 있어 이국적인 분위기가 물씬 풍긴다.

Ⓑ 후에 왕릉
Khu lăng tẩm Huế
쿠 랑 떠엄 훼

베트남 최후의 왕조인 응우옌 왕조의 수도 후에에는 그 번영을 전해 주는 건축물이 많이 남아있다. 13대 황제의 취향을 반영한 건물은 프랑스의 베르사유 궁전에서 볼 수 있는 바로크 양식과 중국 양식 등 다양한 양식이 섞여 있다.

Ⓒ 미선 유적
Di tích Mỹ Sơn
지 띡 미이 썬

2~17세기에 걸쳐 번성했던 참바 왕국의 성터. 벽돌 건축물 안에는 왕과 일체화한 힌두교의 시바신이 모셔져 있다. 유적은 사방이 산으로 둘러싸인 분지의 중앙에 있는데 푸른색이 흘러넘치는 자연과 유적이 어우러진 아름다운 경치가 장관이다.

볼거리가 한가득!

후에의 세계 문화유산 하나 더 살펴보기

세계 무형 문화유산으로 2003년에 후에 궁정 아악이
등재되었다. 기원은 16~17세기에 중국에서 전해진 음
악으로, 이후에 독자적으로 발전했다. 후에에는 궁정
음악을 즐길 수 있는 레스토랑도 있다.

D 하롱베이
Vịnh Hạ Long
빙 하 렁

해수면에 무수히 많은 기암
이 줄지어 있는 곳으로, '바다
의 기둥 숲'이라고 불린다. 베
트남에서 손꼽히는 명승지로
크고 작은 기암에는 많은 동
굴이 있다. 그중에도 띠엔꿍
동굴에 거대한 종유석이 셀
수 없이 많이 있어 자연이 만
든 조형물에 압도된다.

E 탕롱 궁궐 유적지
Khu di tích trung tâm Hoàng thành Thăng Long
쿠 지 띡 쭝뗌 호왕 타잉 탕 렁

2002년에 국회의사
당을 지으면서 출토된
7~19세기의 유적군.
11~19세기에 번성했
던 타롱(하노이의 옛
명칭)왕조를 중심으
로 한 각 연대의 성터
등이 발굴되었다.

F 퐁나케방 국립공원
Vườn quốc gia Phong Nha - Kẻ Bàng
브언 꾸옥 쟈 퐁 냐 깨방

크고 작은 20개
의 석회암 종유
동군은 총 길이
65km로 길게 줄
지어 있다. 그중
에서 퐁냐종유동
은 지하의 하천
이 흐르는 소리
가 들리는데 가
히 환상적이다.

G 호 왕조 성
Thành nhà Hồ
타잉 냐 호

14세기 호 왕조 시대에 풍수지리를 기반으로 건축
된 요새 터. 이는 동남아시아 수도 중 새로운 양식으
로 지어진 대표적인 예로 남아 있다.

프랑스 문화가 느껴지는 거리를 걸어 봅시다.

예로부터 '동양의 파리'로 불리는 호찌민에는 프랑스 식민 지배 시대에 지어진 건축물이 많이 남아 있어 지금도 그때의 모습을 느낄 수 있습니다.

호찌민 시청
Tòa nhà ủy ban nhân dân
또아 냐 우이 반 난 전

르네상스 양식이 존재감을 내뿜는 호화로운 건물. 프랑스인 전용 퍼블릭 홀로 건축되었기 때문에 현재는 정부 기관의 시설로 이용되고 있다.

호찌민 오페라 하우스
Nhà hát thành phố
냐 핫 타잉 포

오페라 하우스 용도로 건축된 유서 깊은 건물. 거리 중심에 서 있어 현재는 각종 이벤트가 열리는 등 시민들의 오락장으로 활용된다.

춤추는 천사상이 장식되어 있습니다.

노트르담 대성당
Nhà thờ Đức Bà
냐 터 득 바

정교하게 쌓아올린 붉은 벽돌로 이루어진 외벽과 우아한 첨탑 2개가 눈길을 끄는 고딕 양식 성당. 미사를 할 때는 종소리가 울려퍼지므로 귀를 기울여 봅시다.

식민지풍 건축물이란?
유럽으로부터 식민 지배를 받은 아시아 국가에 남겨진 건축 양식을 말한다. 클래식하고 세련된 분위기를 느낄 수 있다.

중앙 우체국
Bưu điện trung tâm Sài Gòn
브우 디엔 쫑 싸이 곤

19세기 말의 프랑스 식민 지배 시대에 지어진 건축물. 유리를 끼운 천장은 클래식한 아치형이고 내부 벽면에 지도 등이 그려져 있다.

호찌민 박물관
Bảo tàng thành phố Hồ Chí Minh
바오 땅 타잉 포 호 찌 밍

1890년에 건설된 식민지풍 양식의 건축이 눈길을 끄는 박물관. 자연, 고고학과 관련된 것부터 독립 전쟁 자료까지 많은 것들이 전시되어 있다. 초대 대통령 응오딘지엠이 잠복했던 장소로 유명하다.

기둥의 세세한 부분까지 정교한 장식이 그려져 있다.

미술 박물관
Bảo tàng Mỹ thuật
바오 땅 미이 투엇

19세기부터 현재까지 베트남과 주변국의 미술품을 전시하고 있다. 프랑스 식민 지배 시대에 화교의 저택이었으며, 건물 자체도 훌륭하다.

현관의 장식도 아르 누보 풍의 화려한 디자인

메콩델타를 제대로 느껴 봅시다.

동남아시아를 대표하는 하천, 메콩강 하류에 펼쳐진 메콩델타 지대.
큰 강은 비옥한 토양을 만들고 사람들의 생활을 풍요롭게 합니다.
호찌민에서 한 발짝 더 가서, 물의 도시에 사는 사람들의 삶을 느껴 봅시다.

노로 젓는 배에서 정글 크루즈를.

메콩강에 부는 바람과 열대 우림의 우거진 녹색을 온몸으로 느낄 수 있는 정글 크루즈. 좌우를 둘러싼 숲을 노로 젓는 배로 빠져나가듯 지나가 봅시다.

> 호찌민에 있다면 메콩델타 투어는 대부분 어떤 호텔이라도 프론트에 신청하는 것이 가능합니다.

코코넛 캔디 공장으로 견학을 가 보자.

모두 수작업으로 만들어지는 코코넛 캔디의 제작 과정을 눈으로 보자. 갓 만들어져 따끈따끈한 캔디를 시식해 볼 수도 있다.

메콩강 명물을 먹어 보자.

메콩강 명물로는 코끼리 귀 고기가 대표적이다. 그 외에 열대 과일을 듬뿍 맛보거나 꿀벌 농원에서 꿀차를 맛보며 쉬어갈 수 있다.

양봉장에서는 꿀이 가득한 벌집을 볼 수 있다.

메콩델타란?

티베트 고원에서 흘러나오는 4500km의 긴 여정을 거쳐 남중국해에 닿는 메콩강. 메콩델타는 이 큰 강이 긴 시간에 걸쳐 만들어 낸 하천 하부의 삼각주입니다. 평균 해발 2m의 평탄한 지형이 특징입니다.

수상시장에 가 봅시다.

메콩델타 최대의 번화가, 껀터 주변에는 수상시장이 많이 있습니다. 아침 일찍부터 열리는 시장에서 베트남 일상의 풍경과 사람들의 열기를 느낄 수 있습니다.

퐁디엔 수상시장

번화가에서 조금 먼 곳에 있어서 시간이 걸리지만 모터 달린 배가 있으며, 예로부터 내려온 시장 풍경을 만날 수 있다.

까이랑 수상시장

메콩강 지류에서부터 많은 배가 모여 주로 농산물을 사고판다. 작대기 끝에 걸린 물건이 그 배에서 파는 물건이다.

도움이 되는 단어장 WORD		나룻배	thuyền chèo tay 투이엔 쩨오 따이	코코넛	trái dừa 짜이 즈아
		천연	thiên nhiên 티엔 니엔	사탕	keo 깨오
메콩강 삼각주	đồng bằng sông cửu long 동 방 쏨 끄우 렁	숲	rừng 증	꿀	mật ong 멋 옹
메콩강	sông Mekong 쏨 메콩	코코넛	dừa 즈아	자이언트 구라미 (어류)	cá tai tượng 까 따이 뜨엉
투어	tour 뚜어	정글	rừng nhiệt đới 증 니엣 더이	시식하다	ăn thử 안 트으
유람선 여행	tàu du lịch 따우 주 릭	과일	trái cây 짜이 꺼이	수상시장	chợ nổi 쩌 노이

티켓을 사서 공연을 보러 가 봅시다.

여행의 즐거움 중 하나는 현지의 엔터테인먼트를 접해 보는 것입니다.
자, 티켓을 예약하고 극장으로 향해 봅시다.

티켓을 사 봅시다

수상 인형극을 보고 싶어요.	**Tôi muốn xem múa rối nước.** 또이 무온 쌤 무아 조이 느억 I'd like to see a water puppetry.
오늘의 프로그램은 무엇인가요?	**Chương trình hôm nay như thế nào ạ?** 쯔엉 찡 홈 나이 느 테 나오 아 What's today's program?
상영 시간이 어떻게 되나요?	**Thời gian biểu diễn bao lâu?** 터이 쟌 비에우 지엔 바오 러우 How long is the running time?
오늘 저녁 자리가 남아 있나요?	**Còn chỗ cho tối nay không?** 껀 쪼오 쩌 또이 나이 콤 Are there any seats for tonight?
15일 저녁 티켓 구매할게요.	**Tôi muốn đặt vé tối ngày 15.** 또이 무온 닷 베 또이 응아이 므어이 람 I'd like to reserve tickets on the 15th. 참고 P.150
몇 분이신가요?	**Bao nhiêu người?** 바오 니네우 응어이 For how many people?
2명이요.	**Hai người.** 하이 응어이 Two. 참고 P.150
당일에 구매 가능한 티켓 있나요?	**Có vé ngày hôm nay không?** 꺼 베 응아이 홈 나이 콤 Do you have a walk-up ticket?
일등석 자리가 있나요?	**Còn chỗ hạng nhất không?** 껀 쪼오 항 냣 콤 Is the first-class seat available?
비디오 찍어도 되나요?	**Quay video được không?** 꾸와이 비디오 드억 콤 Can I film it?

본고장에서 감상

수상 인형극이 보고 싶어!

수상 인형극이란?

일상생활이나 옛 전설을 아크로바틱으로 연기한 인형극

하노이에 오면 한 번은 봐야 하는 것이 수상 인형극이다. 10세기부터 이어진 전통 예술로 북부 농촌에서 수확제나 의식을 할 때 행해진 것에서 유래되었다. 농민의 생활 풍경이나 베트남 전설 등 짧은 스토리가 있는 재미있고 신비한 이야기를 연기한다. 언어는 베트남어지만 보는 것만으로도 이야기 흐름을 이해할 수 있다.

단상 좌우에서는 대사나 효과음 연출을 위해 악단이 전통 악기를 연주한다.

뒤에 붙어 있는 실을 당기면 손이 움직인다.

인형들이 전통 악기의 리듬에 맞춰 때로는 물을 뿜고, 불꽃을 쏘아 올리는 등 무대에서 힘이 느껴진다. 객석에서는 인형을 조종하는 사람은 안 보이고 인형 스스로 움직이는 듯한 느낌이 든다.

도움이 되는 단어장 WORD

수상 인형극	múa rối nước 무아 조이 느억	감독	đạo diễn 다오 지엔	당일 구매 티켓	vé trong ngày 베 쫑 응아이
상영 시간	giờ biểu diễn 져 비에우 지엔	극장	nhà hát 냐 핫	지정석	ghế dành riêng 계 자잉 지엥
방법	phương pháp 프엉 팝	관람석	ghế ngồi cho khách 계 응오이 쩌 카익	일반석	ghế thường 계 트엉
배우	diễn viên 지엔 비엔	무대	sân khấu 썬 커우	광고지	tờ quảng cáo 떠 꾸왕 까오
		매표소	quầy bán vé 꾸워이 반 베	매진	bán hết 반 헷
		예약 티켓	vé bán trước 베 반 쯔억	취소하다	hủy 후이

티켓을 사서 공연을 보러 가 봅시다.

여기서 표를 살 수 있나요?	**Có thể đặt vé trước ở đây được không?** 꺼 테에닷 베 쯔억 어어 데이 드억 콤 Can I make a ticket reservation here?
포스터가 있나요?	**Có tờ quảng cáo không?** 꺼 떠 꾸왕 까오 콤 Do you have a brochure?
좌석배치표를 볼 수 있을 까요?	**Cho tôi xem sơ đồ chỗ ngồi.** 쩌 또이 쌤 써 도 쪼오 응오이 Can I see the seating plan?
떨어진 좌석도 괜찮아요.	**Chỗ ngồi xa nhau cũng được.** 쪼오 응오이 싸 냐우 꾸움 드억 We can sit separately.
좌석까지 안내해 주실 수 있나요?	**Hướng dẫn đến chỗ ngồi giùm.** 흐엉 저언 덴 쪼오 응오이 지움 Could you take me to my seat?
택시 좀 불러 주시겠어요?	**Làm ơn gọi taxi giúp tôi.** 람 언 고이 딱씨 지웁 또이 Could you call a taxi?

술집에서

예매하지 않았어요.	**Không có đặt trước.** 콤 꺼 닷 쯔억 I don't have a reservation.
자리가 남아 있나요?	**Còn chỗ không?** 껀 쪼오 콤 Can we get a table?
공연이 몇 시부터 시작하 나요?	**Chương trình bắt đầu từ mấy giờ?** 쯔엉 찡 밧 더우 뜨 머이 져 When does the show start?
근처에 클럽이 있나요?	**Gần đây có câu lạc bộ không?** 건 데이 꺼 꺼우락 보 콤 Is there any club near here?

좋은 바를 소개해 주시겠어요?
Xin giới thiệu cho tôi quán bar nào tốt?
씬 져이 티에우 쩌 또이 꾸완 바 나오 똣

대중 비어홀에서 건배

베트남에서는 유럽 각국의 기술을 도입한 마이크로브루어리가 인기를 끌고 있습니다. 점심 전부터 맥주잔을 한 손에 들고 즐기는 사람이 많아 밤이 되면 사람들로 북적거립니다.

메뉴 좀 주세요.

Cho tôi xem thực đơn.
쩌 또이 쌤 특 던
Can I have a menu, please?

조금 더 주세요.

Xin thêm nữa.
씬 템 느아
Can I have another one, please?

재떨이를 바꿔 주세요.

Thay gạt tàn giùm.
타이 갓 딴 지움
Could you change the ashtray?

입장료가 얼마인가요?

Vé vào cửa bao nhiêu tiền?
베 바오 끄아 바오 니에우 띠엔
How much is the admission?

예약이 필요한가요?

Có cần đặt trước không?
꺼 껀 닷 쯔억 콤
Do I need a reservation?

라이브 공연이 있나요?

Có biểu diễn nhạc sống không?
꺼 비에우 지엔 냑 쏨 콤
Do you have live performance?

오늘 사람이 많은가요?

Hôm nay có đông không?
홈 나이 꺼 돔 콤
Is it crowded today?

도움이 되는 단어장
WORD

야간 클럽	câu lạc bộ đêm 꺼우 락 보 뎀	라이브 무대	sân khấu nhạc sống 썬 커우 냑 쏨	샷 위스키	rượu schott 즈어우 숏
술집	quán rượu 꾸완 즈어우	생맥주 펍	quán bia hơi 꾸완 비아 허이	버번위스키	rượu bourbon 즈어우 버번
바	quán bar 꾸완 바	공연 티켓	vé xem biểu diễn 베 쌤 비에우 지엔	칵테일	cocktail 깍떼일
		좌석 값	tiền chỗ ngồi 띠엔 쪼오 응오이	맥주	bia 비아
		위스키	whisky 위스끼	콜라	coca 꼬까

참고 P.32

호찌민의 밤을 즐겨 봅시다.

저녁을 먹은 후에 호텔로 돌아와 자기엔 아까워!
밤에도 다양한 즐길 거리가 많은 것이 호찌민 여행의 묘미죠.

야시장에 가 봅시다.

벤탄 시장 주변에는 시장을 닫은 후 큰 포장마차 거리가 나타나는데 사람들로 북적거리가 일쑤입니다. 야시장에서만 맛볼 수 있는 맛있는 음식도 준비되어 있습니다.

뭐든지 맛있어 보여.

크루즈에서 즐거운 시간을

밤이 되면 번화가를 가로지르는 사이공강에서 디너 크루즈를 타고 야경을 즐겨 보는 것도 추천합니다. 식사는 물론 라이브 밴드의 연주와 마술, 댄스 등의 퍼포먼스를 즐길 수 있습니다.

목조의 세련된 본사이호

인기 있는 본사이호는 사전에 예약을 하고, 시간 여유를 두고 탑승합시다.

> **아름다운 전망을 즐길 수 있는 유명한 곳**
>
> 고층 호텔 카라벨 10층에 있는 '사이공 사이공 바'의
> 바깥 테라스석을 추천합니다. 아름다운 야경을 자랑
> 하는 바 중에서도 유수한 절경을 볼 수 있습니다.

바에서 야경을 즐깁시다.

호찌민에서는 야경을 즐
길 수 있는 바가 많습니다.
밤에 전망이 좋은 바에서
술잔을 기울이는 것을 추
천합니다. 번화가를 내려
다보면 낮과는 다른 새로
운 모습을 발견할 수 있을
것입니다.

까냑을 즐겨 봅시다.

까냑은 일반적인 가요쇼로 볼 수도 있지만
그 내용은 콘서트와는 조금 다릅니다. 2~3시
간 사이에 몇 명의 아티스트가 등장해 여러
곡씩 부릅니다. 곡과 곡 사이에는 개그나 패
션쇼 등도 개최합니다. 스테이지의 가수와
함께 노래를 부르며 배꼽이 빠질 정도로 웃
을 수 있는 서민 오락을 현지 사람들과 함께
어울려서 즐겨 보는 건 어떨까요?

도움이 되는 단어장 WORD		배로 이동하다	chuyến đi bằng tàu 쭈옌 디 방 따우	칵테일	cocktail 깍떼일
		야경	cảnh ban đêm 까잉 반 뎀	음악	ca nhạc 까 냑
야시장	chợ đêm 쩌 뎀	바	quán bar 꾸완 바	희극	hài kịch 하이 끽

스파, 마사지로 아름다움을 찾자 ♪

해외에서 재충전을 할 때는 마사지나 에스테틱을 빼놓을 수 없겠죠.
의사를 확실하게 전달한다면 평소보다 더 편안하게 쉴 수 있지요.

먼저 예약을 합시다

예약을 하고 싶어요.	**Tôi muốn đặt trước.** 또이 무온 닷 쯔억 I'd like to make an appointment.
내일 오후 4시로 2명 예약할게요.	**Đặt cho tôi hai người vào 4 giờ chiều mai.** 닷 쩌 또이 하이 응어이 바오 본 져 찌에우 마이 참고 P.150 For two persons, tomorrow at four o'clock, please. 참고 P.152
60분짜리 전신 마사지를 할게요.	**Tôi muốn mát-xa toàn thân thời gian 60 phút.** 또이 무온 맛 싸 또완 턴 터이 쟌 싸우 므어이 풋 I'd like to have a full-body massage for sixty minutes. 참고 P.150
한국어 할 수 있는 분이 있나요?	**Có ai nói được tiếng Hàn không?** 꺼 아이 너이 드억 띠엥 한 콤 Is there anyone speaks Korean?
몇 시에 예약이 되나요?	**Mấy giờ thì có thể đặt được?** 머이 져 티 꺼 테 닷 드억 What time can I make an appointment?
몇 시에 오면 될까요?	**Mấy giờ đến cửa hàng thì được?** 머이 져 덴 끄아 항 티 드억 What time should I be there?
한국어로 된 메뉴판이 있나요?	**Có thực đơn bằng tiếng Hàn không?** 꺼 특 던 방 띠엥 한 콤 Do you have a Korean menu?
가격표 좀 보여주세요.	**Cho xem bảng giá.** 쩌 쌤 바앙 쟈 Can I see the price list?
얼굴 마사지가 있나요?	**Có mát-xa mặt không?** 꺼 맛 싸 맛 콤 Can I have a facial?
얼마예요?	**Bao nhiêu?** 바오 니에우 How much is it?

스파 타임을 소중하게

한국보다 합리적인 가격으로 즐길 수 있는 베트남 스파. 어느 숍을 가도 서양
이나 발리, 태국 등의 해외 마사지 방법을 도입한 독특한 지압법이나 내부 인
테리어 등으로 자신만의 특색을 강조하고 있습니다. 인기 있는 숍이 많으므로
예약한 후에 방문해 보세요.

여자 테라피스트 분이 좋아요.
Tôi thích người trị liệu nữ.
또이 틱 응어이 찌 리에우 느으
I'd like a female therapist.

한 방에서 할 수 있을까요?
Có thể nhờ làm cùng một phòng được không?
꺼 테에녀 람 꿈 못 퐁 드억 콤
Can we have it in the same room?

얼굴 팩과 관련된 메뉴가 있나요?
Có đắp mặt trong menu không?
꺼 답 맛 쫑 메뉴 콤
Is the facial pack included in the menu?

남성 전용 메뉴가 있나요?
Có menu riêng cho nam giới không?
꺼 메뉴 지엥 쩌 남 져이 콤
Can males have a massage?

돌 마사지는 처음 해봐요.
Mới lần đầu làm thử mát-xa bằng đá.
머이 런 더우 람 트으 맛 싸 방 다아
It is my first time to have a stone massage.

취소, 변경

예약 했던 내용을 변경하고 싶어요.
Tôi muốn thay đổi nội dung đã đặt.
또이 무온 타이 도이 노이 줌 다아 닷
I'd like to change the reservation.

4시에 예약한 이유진이에요. 그 예약 취소 하고 싶어요.
Tôi là Lee Yujin đã đặt lúc 4 giờ. Tôi muốn hủy cuộc đặt đó.
또이 라 이유진 다아 닷 룩 본 져 또이 무온 후위 꾸옥 닷 더
I'm Lee Yujin that made a four o'clock reservation, but I'd like to cancel it.
참고 P.152

도움이 되는 단어장 WORD	오늘	hôm nay 홈 나이	오전	buổi sáng 부오이 쌍
	내일	ngày mai 응아이 마이	오후	buổi chiều 부오이 찌에우
	모레	ngày kia 응아이 끼아	밤	tối 또이

103

스파, 마사지로 아름다움을 찾자 ♪

접수~시술

저는 <u>이유진</u>이고 예약했어요.
Tôi là Lee Yujin, người đã đặt trước.
또이 라 이유진 응어이 다아 닷 쯔억
I'm Lee Yujin, I have a reservation.

예약은 안 했는데 <u>2</u>명 가능한가요?
Không có đặt trước nhưng có thể nhờ hai người được không?
콤 꺼 닷 쯔억 능 꺼 테에 녀 하이 응어이 드억 콤 참고 P.150
We didn't make a reservation but can the two of us have a massage?

화장실에 가도 되나요?
Cho tôi đi nhà vệ sinh.
쩌 또이 디 냐 베 씽
May I use the restroom?

로커가 어디에 있나요?
Tủ gửi đồ ở đâu?
뚜 그어이 도 어어 더우
Where is the locker?

옷은 어디에서 벗나요?
Cởi áo ra ở đâu?
꺼이 아오 자 어어 더우
Where do I take off my clothes?

> 대체로 일회용 속옷이 놓여져 있지만, 없는 경우에는 '일회용 속옷이 있나요? **Có quần giấy không?** 꺼 꾸원 져이 콤'이라고 물어 보세요.

원포인트 베트남에서 받을 수 있는 코스 (예시)

돌 마사지
Mát-xa bằng đá
맛 싸 방 다

현무암 율 50~60도의 따뜻한 물로 달궈 허리나 손바닥에 올려놓고 오일과 함께 문지른다. 냉증이나 어깨 뭉침, 불면증에 효과가 있는 인기 코스이다.

다시마 팩
đắp mặt bằng tảo
답 맛 방 따오

해수나 해조를 넣은 미네랄 성분의 타라소 테라피를 이용한 코스 묵은 각질을 벗겨 내기 쉽게 하거나 피부의 활성화를 돕는 효과가 있다.

약초 찜질
bánh được thảo
바잉 즈억 타오

쑥이나 생강 등 여러 가지 허브를 찐 것으로 몸을 마사지해 나간다. 허브 추출물이 몸의 아픈 곳이나 뭉침을 풀어 준다.

오일 마사지
mát-xa dầu
맛 싸 저우

몸을 편하게 하고 싶을 때 아로마 오일을 사용한 마사지를 골라 보자. 강한 마사지가 좋다면 베트남식 마사지를 받자.

네일 아트, 페디큐어
làm móng
람 멍

손재주가 좋은 베트남 사람이 하기 때문에 네일아트도 수준급이다. 젤네일이나 3D네일 등 유행하는 코스도 체험할 수 있다.

피부 타입 WORD			
민감성 피부	da nhay cảm 자 냐이 까암	지성 피부	da dầu 자 저우
건성 피부	da khô 자 코	중성 피부	da bình thường 자 빙 트엉

마사지를 더 좋게 받기 위해 알면 좋은 표현들

여기는 만지지 말아 주세요.	**Xin đừng sờ vào đây.** 씬 등 써바오 더이 Please don't touch here.
좀 더 세게[약하게] 해 주세요.	**Làm mạnh[yếu] hơn tí nữa.** 람 마잉[예우] 헌 띠 느아 Could you make it stronger [weaker]?
여기는 보지 말아 주세요.	**Xin đừng nhìn vào đây.** 씬 등 닌 바오 더이 Please ignore this part.
이 향은 뭔가요?	**Mùi này là gì?** 무이 나이 라 지 What is this scent?
적당해요. / 아파요.	**Vừa. / Đau!** 브아 / 다우! It's OK. / It hurts!
긴장을 풀고 싶어요.	**Tôi muốn thư giãn.** 또이 무온 트 지안 I want to get relaxed.
조금 아파요.	**Tôi cảm thấy khó chịu.** 또이 까암 터이 커 찌우 I feel a little ill.
물 좀 주세요.	**Cho tôi nước.** 쩌 또이 느억 Some water, please.

끝나고 나서 한마디

시원해요.	**Cảm thấy thoải mái.** 깜 터이 토와이 마이 It was very nice.
이 화장품 살 수 있나요?	**Có thể mua mỹ phẩm này được không?** 꺼 테에 무아 미이 펌 나이 드억 콤 Can I buy these cosmetics?

105

LOOK

☐ 하고 싶습니다.

Tôi muốn ☐ **.**

또이 무온 ☐

I'd like to have ☐.

메뉴
Thực đơn
특 던

mát-xa toàn thân
맛 싸 또완 턴

● 【전신 마사지】

mát-xa mặt
맛 싸 맛

● 【얼굴 마사지】

mát-xa chân
맛 싸 쩐

● 【발 마사지】

mát-xa bằng đá
맛 싸 방 다

● 【돌 마사지】

mát-xa đầu
맛 싸 더우

● 【머리 마사지】

bánh dược thảo
바잉 즈억 타오
● 약초 찜질

tẩy tế bào chết cơ thể
떠이 떼 바오 쩻 꺼 테에
● 【신체 각질 제거】

mát-xa tinh dầu
맛 싸 띵 저우
● 【아로마 오일 마사지】

bồn tắm có bỏ hoa tươi
본 땀 꺼 버어 화 뜨어이
● 【생화 욕조 목욕】

bồn tắm mát-xa chân
본 땀 맛 싸 쩐
● 【족욕 마사지】

kỹ thuật làm móng
끼이 투웟 람 멈
● 【네일아트 기술】

mát-xa hạch bạch huyết
맛 싸 하익 바익 후이엣
● 【림프선 마사지】

mát-xa tay
맛 싸 따이
● 【손 마사지】

mát-xa lòng bàn chân
맛 싸 럼 반 쩐
● 【발바닥 마사지】

tẩy rửa
떠이 즈아
● 【씻다】

đắp mặt bằng bùn
답 맛 방 분
● 【진흙 팩】

đắp mặt bằng tảo
답 맛 방 따오
● 【다시마 팩】

xông hơi
쏨 허이
● 【스팀 목욕】

tắm sữa
땀 쓰아
● 【우유 목욕】

bể sục
베에 쑥
● 【스파】

kỹ thuật làm móng chân
끼이 투웟 람 멈 쩐
● 【페디아트 기술】

도움이 되는 단어장
WORD

		피곤한	mệt mỏi 멧 머이	로커	tủ gởi đồ 뚜 거이 도
		스트레스 받는	căng thẳng 깡 타앙	샤워기	hương sen 흐엉 쩬
다이어트하다	giảm béo 지암 베오	혈액 순환	sự lưu thông máu 쓰 르우 통 마우	프린트 데스크	quầy lễ tân 꾸워이 레에 떤
주름	vết nhăn 벳 냔	추운	bị lạnh 비 라잉	수건	khăn 칸
부종	phù 푸	탈의실	phòng thay đồ 펑 타이 도	실내화	dép trong nhà 젭 쫑 냐
수면 부족	thiếu ngủ 티에우 응우	화장실	nhà vệ sinh 냐 베 씽	침대	giường 지으엉

손 마사지와 네일 아트를 체험해 봅시다.

강한 자외선으로 피부에 손상을 입었다면 손 마사지로 윤기 있게 만듭시다.
네일은 에스테틱 살롱뿐만 아니라 시장 등에서도 가볍게 할 수 있습니다. 여기에서는 예시를 소개합니다.

1 | 손을 소금물 안에 넣기

모공을 열리게 하기 위해 바다 소금을 섞은 물에 손을 담급니다. 바다 소금은 살균 효과도 있다고 합니다. 물 안에 떠다니는 형형색색의 꽃으로 힐링을 합니다.

2 | 손 마사지를 받기

다음은 스크럽으로 더러운 각질을 벗겨 내고 그 후에 오일 마사지를 받습니다. 마사지가 끝난 다음에는 손이 마치 아기 피부같이 부드럽습니다.

3 | 디자인을 정해서 네일아트 시작

갖가지 종류가 있는 샘플에서 베이스 컬러와 모양을 정하고 큐티클을 조심스레 정리해 손톱을 바르기 시작합니다.

4 | 마르면 네일아트 완성

눈 깜짝할 새에 매니큐어가 마르면 귀여운 손톱으로 바뀝니다. 아름다운 네일 아트에 대만족!

■ 포인트를 체크하자

피부 트러블이 없을 경우에 하기
소금물로 세안하거나 크림으로 마사지를 하기 때문에 손에 상처나 뾰루지가 있다면 피하는 편이 좋습니다.

반지는 빼 두기
손 마사지와 네일을 하기로 정했다면 반지는 빼 둡시다. 고가의 반지는 호텔에 맡겨 두세요.

손톱을 바짝 깎지 않기
모처럼 귀여운 네일 아트를 받아도 너무 짧은 손톱이라면 네일 아트를 제대로 살릴 수가 없습니다. 적당한 길이가 필요합니다.

벤탄 시장 등에서는 네일이나 에스테틱을 받을 수 있습니다. 가볍게 받을 수 있어 여행자들에게 인기가 있습니다.

호텔에서 쾌적하게 지내고 싶어요.

여행 일정을 잘 맞추고 여행을 더 재미있게 보내기 위해 호텔에서의 시간도 소중하게.
호텔에 있는 동안 자주 쓰는 표현들을 모아 봤습니다.

호텔 도착이 늦어질 것 같을 때

좀 늦게 도착할 것 같은데 방 취소하지 말아 주세요.	**Tôi sẽ đến trễ nhưng cứ giữ phòng cho tôi!** 또이 쎄에 덴 쩨에능 끄 지으펌 쩌 또이 I'll be arriving late, but please hold the reservation!

체크인을 해 봅시다

베트남에 가면 프랑스 사람들이 많이 살았던 1900년대 초에 지어진, 프랑스 느낌이 있는 호텔에 묵어 봅시다. 분위기 있는 여행 스타일을 연출할 수 있습니다.

체크인을 할게요.	**Làm thủ tục nhận phòng giùm.** 람 투우뚝 년 펌 쥼 I'd like to check in.
예약했어요.	**Có đặt trước ạ.** 꺼 닷 쯔억 아 I have a reservation.
트윈 베드 맞죠?	**Đặt phòng hai giường đúng không?** 닷 펌 하이 지으엉 둠 콤 It's a twin room, isn't it?
뷰가 좋은 곳으로 주세요.	**Lấy phòng có quang cảnh đẹp cho tôi.** 레이 펑 꺼 꾸왕 까잉 뎁 쩌 또이 I want a room with a nice view.
한국말 할 수 있는 분 계신가요?	**Có ai nói được tiếng Hàn không?** 꺼 아이 너이 드억 띠엥 한 콤 Is there anyone who speaks Korean?
귀중품을 보관해 주세요.	**Giữ giùm đồ vật quan trọng.** 지으쥼 도 벗 꾸완 쫌 Could you store my valuables?
체크아웃은 몇 시인가요?	**Trả phòng mấy giờ ạ?** 짜아 펌 머이 져 아 When is the check out time?
호텔에 어떤 서비스들이 있나요?	**Trong khách sạn có những dịch vụ nào?** 쫑 카익 싼 꺼 느응 직 부 나오 What kind of facilities do you have in this hotel?

자판기가 어디에 있나요?

Máy bán tự động ở đâu?
마이 반 뜨동 어어 더우

Where is the vending machine?

가까운 맛집이 어디예요?

Có nhà hàng nào ngon ở gần đây không?
꺼 냐 항 나오 응언 어어 건 데이 콤

Do you have any good restaurants near here?

호텔은 이렇게 되어 있습니다.

룸서비스
dịch vụ phòng
직 부 펌

객실에서 전화로 주문을 받아 음식이나 음료수를 제공하는 서비스

로비
lobby
러비

현관이나 프런트에서 가까운 곳에 있어 일행을 기다리거나 간단한 휴식을 취할 수 있는 공간으로 투숙객들이 자유롭게 이용 가능한 공간

콘시어지
nhân viên hướng dẫn
냔 비엔 흐엉 전

투숙객을 응대하고 관광 정보를 제공하거나 투어 신청, 고객들의 요구 사항을 접수하는 곳

포터
nhân viên khuân vác hành lý
냔 비엔 쿠언 박 하잉 리

차를 타고 온 투숙객의 짐을 프런트로 운반해 준다.

프런트
quầy lễ tân
꾸워이 레 떤

체크인, 체크아웃, 정산, 환전 등의 접수 업무를 담당하고 귀중품 보관 등의 업무도 한다.

벨보이
bellboy
벨 보이

투숙객의 짐을 운반하거나 고객들을 방으로 안내하는 역할을 한다. 호텔에 따라 포터의 업무를 함께하기도 한다.

보관소
quầy giữ hành lý
꾸워이 지으 하잉 리

투숙객의 짐을 맡아주는 역할을 한다. 체크인 전이나 체크아웃 후에 이용 가능하다.

어서 오세요.
Mời chị lên phòng.
머이 찌 렌 펌

제가 짐 들어 드릴게요.
Tôi mang hành lý của chị.
또이 망 하잉 리 꾸아 찌

엘리베이터는 이쪽입니다.
Thang máy ở phía này.
탕 마이 어 피아 나이

안녕하세요.
Xin chào.

109

호텔에서 쾌적하게 지내고 싶어요.

방 안에서

샤워기를 어떻게 사용하는지 알려 주세요.

Cho tôi biết cách dùng hương sen.
쩌 또이 비엣 까익 줌 흐엉 쎈
Could you show me how to use this shower?

순임 할머니, 들어가도 될까요?

Thưa bà Sun im, tôi vào có được không ạ?
트아 바 순임, 또이 바오 꺼 드억 콤 아
Ms. Sunim, may I come in?

들어오세요. /잠시만 기다리세요.

Xin mời vào./Chờ một tí.
씬 머이 바오 /쩌 못 띠
Come in./Just a moment, please.

415호 입니다.

Phòng 415.
펑 본못남
This is Room 415.

참고 P.150

내일 오전 6시에 모닝콜 해 주세요..

Xin đặt morning call vào 6 giờ sáng mai giúp tôi.
씬 닷 모닝 껄 바오 싸우 져 쌍 마이 줍 또이
Please wake me up at six tomorrow morning.

참고 P.152

알겠습니다.

Tôi hiểu rồi.
또이 히에우 조이
Sure.

새 수건을 가져다주실 수 있나요?

Làm ơn mang khăn mới giúp tôi.
람 언 망 칸 머이 줍 또이
Please bring me a new towel.

빠르면 빠를수록 좋아요.

Làm giúp tôi càng sớm càng tốt.
람 줍 또이깡 썸 깡 똣
As soon as possible, please.

룸 서비스를 불러 주세요.

Gọi dịch vụ phòng giúp tôi.
거이 직 부 펑 줍 또이
Room service, please.

피자랑 커피 주세요.

Cho tôi pizza và cà phê.
쩌 또이 피짜 바 까페
I'd like a pizza and a coffee.

얼음이랑 물 좀 방으로 가져다주세요.

Làm ơn mang đá và nước đến phòng giúp tôi.
람 언 망 다 바 느억 덴 펌 줍 또이
Please bring me some ice cubes and water.

호텔에서의 매너를 알아둡시다.

1 체크인에서 체크아웃까지
도착이 늦어지거나 외출 후
늦게 들어오는 경우에는 반
드시 사전에 연락하기

2 복장
호텔은 공공장소이다. 슬리퍼
나 파자마를 입고 밖에 돌아
다니지 않도록 하자.

3 귀중품 관리는 자기 책임
외출 시에 가지고 다닐 귀중
품과 프런트에 맡길 귀중품을
반반 나누어 관리하자.

4 팁에 대해
베드 메이킹 시에는 5천동,
콘시어지 이용 시에는 5천~1
만동을 준다.

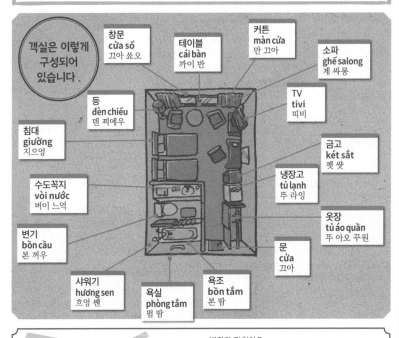

객실은 이렇게 구성되어 있습니다.

창문 **cửa sổ** 끄아 쏘오
테이블 **cái bàn** 까이 반
커튼 **màn cửa** 만 끄아
소파 **ghế salong** 계 싸롱
등 **đèn chiếu** 덴 찌에우
TV **tivi** 띠비
침대 **giường** 지으엉
금고 **két sắt** 껫 쌋
냉장고 **tủ lạnh** 뚜 라잉
수도꼭지 **vòi nước** 버이 느억
옷장 **tủ áo quần** 뚜 아오 꾸원
변기 **bồn cầu** 본 꺼우
문 **cửa** 끄아
샤워기 **hương sen** 흐엉 쎈
욕실 **phòng tắm** 펌 땀
욕조 **bồn tắm** 본 땀

곤란한 일이 생겼을 때 바로 사용하는 표현

샤워기가 고장 났어요.
Hương sen bị hư rồi.
흐엉 쎈 비 흐 조이

방을 바꿔 주세요.
Xin đổi phòng khác.
씬 도이 펌 카익

따뜻한 물이 안 나와요.
Không có nước nóng.
콤 꺼 느억 넘

변기가 막혔어요.
Bồn cầu bị nghẹt.
본 꺼우 비 응옛

전기가 나갔어요.
Không có điện.
콤 꺼 디엔

열쇠를 잃어버렸어요.
Bị khóa cửa mất rồi.
비 콰 끄아 멋 조이

사람 좀 불러 주세요.
Xin gọi ai đó đến ngay.
씬 거이 아이 더 덴 응아이

111

호텔에서 쾌적하게 지내고 싶어요.

환전을 하고 싶어요.	**Tôi muốn đổi tiền.** 또이 무온 도이 띠엔 I'd like to exchange money.
음식점이 어디인가요?	**Nhà hàng ở đâu?** 냐 항 어어 더우 Where is the restaurant?
몇 시까지 하나요?	**Ở đó mở cửa đến mấy giờ?** 어어 더 머어 끄아 덴 머이 져 What time does it close?
예약이 필요한가요?	**Có cần phải đặt trước không?** 꺼 껀 파이 닷 쯔억 콤 Do I need a reservation?
아침을 먹을 수 있는 음식 점이 어디인가요?	**Có quán ăn nào ăn sáng được không?** 꺼 꾸완 안 나오 안 쌍 드억 콤 Is there a cafeteria for breakfast?
이 짐 좀 잠시 맡길 수 있 을까요?	**Giữ hành lý này một chút được không?** 지으 하잉 리 나이 못 쭛 드억 콤 Could you store this baggage for a while?
이 편지를 비행기 통해서 보내 주세요.	**Làm ơn gửi bức thư này bằng máy bay.** 람 언 그어이 븍 트 나이 방 마이 바이 Please send this letter by air mail.
팩스[메일]를 한국으로 보내 고 싶어요.	**Tôi muốn gửi fax[mail] đi Hàn Quốc.** 또이 무온 그어이 팩스[메일] 디 한 꾸옥 I'd like to send a fax[an e-mail] to Korea.
인터넷을 연결할 수 있나요?	**Có nối được mạng internet không?** 꺼 노이 드억 망 인떠넷 콤 Can I access the Internet in this hotel?
얼마예요?	**Bao nhiêu tiền à?** 바오 니에우 띠엔 아 How much does it cost?
방에서 와이파이가 되나요?	**Có sử dụng Wifi tại phòng được không?** 꺼 쓰 줌 와이파이 따이 펌 드억 콤 Can I use WiFi in the room?

금고를 어떻게 사용하는지 알려 주세요.	**Hướng dẫn giùm tôi cách sử dụng két sắt an toàn.** 흐엉 저언 지움 또이 까익 쓰으 줌 껫 쌋 안 또안 Please tell me how to use the safety deposit box.
콘센트가 어디에 있나요?	**Ổ cắm điện ở đâu?** 오 깜 디엔 어어 더우 Could you tell me where the outlet is?
제 앞으로 남겨진 메시지가 있나요?	**Có tin nhắn gì gửi cho tôi không?** 꺼 띤 냔 지 그어이 쩌 또이 콤 Are there any messages for me?
택시 좀 불러 주세요.	**Gọi taxi giùm.** 거이 딱씨 줌 Please get me a taxi.
이 호텔 주소가 적혀 있는 카드를 주세요.	**Tôi muốn có card có ghi địa chỉ của khách sạn này.** 또이 무온 꺼 카드 꺼 기 디아 찌이 꾸아 카익 싼 나이 Could I have a card with the hotel's address?
공항으로 가는 버스가 있나요?	**Có xe buýt đi sân bay không?** 꺼 쎄 빗 디 선 바이 콤? Is there a bus that goes to the airport?
드라이기를 빌려 주세요.	**Cho tôi mượn máy sấy tóc.** 쩌 또이 므언 마이 쎄이 떡 Can I borrow a dryer?
음식점을 예약하고 싶어요.	**Tôi muốn đặt bán tại nhà hàng.** 또이 무온 닷 반 따이 냐 항 I'd like to reserve a restaurant.
몸이 안 좋아요.	**Cảm thấy khó chịu.** 까암 터이 커 찌우 I feel sick.
의사 좀 불러 주세요.	**Nhờ gọi bác sĩ giùm.** 녀 거이 박 씨이 줌 Call a doctor, please.
옆방이 너무 시끄러워요.	**Phòng bên cạnh ồn quá.** 펌 벤 까잉 온꾸아 It is noisy next door.
주차를 하고 싶어요.	**Tôi muốn đỗ xe, có được không.** 또이 무온 도오 쎄, 꺼 드억 콤 I'd like to use the parking.

호텔에서 쾌적하게 지내고 싶어요.

호텔에서 조식을 먹을 때

방에서 조식을 먹을 수 있나요?	**Có thể ăn sáng tại phòng được không?** 꺼 테에안 쌍 따이 펌 드억 콤 Can I eat breakfast in the room?
오전 8시에 가져다주세요.	**Xin mang đến vào tám giờ sáng giúp tôi.** 씬 망 덴 바오 땀 져 쌍 줍 또이 Please bring it at eight in the morning. 참고 P.152
크루아상이랑 오렌지 주스 주세요.	**Cho tôi bánh sừng bò và nước cam.** 쩌 또이 바잉 씅 버 바 느억 깜 I'd like some croissants and an orange juice, please.
조식이 뷔페인가요?	**Ăn sáng kiểu buffet phải không?** 안 쌍 끼에우 뷔펫 파이 콤 Is breakfast a buffet style?
조식은 몇 시부터인가요?	**Ăn sáng từ mấy giờ?** 안 쌍 뜨 머이 져 What time does breakfast start?

체크아웃을 합시다

체크아웃을 할게요.	**Xin làm thủ tục trả phòng giúp tôi.** 씬 람 투우 뚝 짜아 펌 줍 또이 I'd like to check out, please.
415호 이유진이요.	**Tôi tên là Lee Yujin ở phòng 415.** 또이 땐 라 이유진 어어 펌 본못남 It's Lee Yujin in Room 415. 참고 P.150
영수증이 잘못된 것 같아요.	**Hóa đơn tính sai rồi.** 화 던 띵 싸이 조이 I think there is a mistake in this bill.
룸 서비스를 사용하지 않았어요.	**Tôi không dùng dịch vụ phòng.** 또이 콤 줌 직 부 펌 I didn't order room service.
국제전화를 하지 않았어요.	**Tôi không gọi điện thoại quốc tế.** 또이 콤 거이 디엔 토와이 꾸옥 떼 I didn't make any international phone calls.

감사합니다. 정말 즐거웠어요.	**Xin cảm ơn. Tôi đã rất vui.** 씬 깜 언 또이 다아 젓 부이 Thank you. I really enjoyed my stay.
미니바에서 과일 주스를 한 병 마셨어요.	**Tôi có uống một ly nước trái cây của mini bar.** 또이 꺼 우옹 못 리 느억 짜이 꺼이 꾸아 미니 바 I had a bottle of juice from the mini bar.
맡긴 제 귀중품을 찾으려 고요.	**Tôi xin lại đồ quan trọng của tôi.** 또이 씬 라이 도 꾸완 쫌 꾸아 또이 I'd like my valuables back.
방에 뭘 두고 왔어요.	**Tôi để quên đồ trên phòng.** 또이 데에 꾸이엔 도 쩬 펌 I left something in my room.
신용 카드로 결제할게요.	**Tôi muốn thanh toán bằng thẻ tín dụng.** 또이 무온 타잉 또안 방 테에띤 줌 I'd like to pay by credit card.
이 신용 카드 사용할 수 있죠?	**Thẻ tín dụng này có dùng được không?** 테에 띤 줌 나이 꺼 줌 드억 콤 Do you accept this credit card?
현금으로 낼게요.	**Trả bằng tiền mặt.** 짜아 방 띠엔 맛 I'd like to pay by cash.
하루 더 묵고 싶어요.	**Tôi muốn ở đây thêm một ngày nữa.** 또이 무온 어 데이 템 못 응아이 느아 I'd like to stay one more day.

도움이 되는 단어장 WORD

		담요	chăn đắp 짠 답	화장지	giấy vệ sinh 지어이 베 씽
		매트리스	nệm 넴	옷걸이	móc áo 먹 아오
물	nước 느억	에어컨	máy điều hòa 마이 디에우 화	실내화	dép trong nhà 쩹 쫑 냐
따뜻한 물	nước nóng 느억 넘	샴푸	dầu gội 저우 고이	유리컵	cốc thủy tinh 꼭 투이 띵
베개	cái gối 까이 고이	비누	xà bông 싸 봄	드라이기	máy sấy tóc 마이 써이 똑
역	ga 가	수건	khăn 칸	재떨이	gạt tàn 갓 딴

입국 심사에 필요한
표현은 이렇습니다.

 **공항** sân bay
썬 바이

현지 공항에 도착하면 먼저 입국 심사를 하게 됩니다. 쓰는 표현은 대부분 정해져 있으니 연습하여 자연스럽게 입국하세요. 여권 등 필요한 것을 준비하는 것도 잊지 마세요!

입국 심사란?

외국인 카운터로 가서 필요 서류를 카운터에 제시합시다. 입국 심사 시 여행 목적이나 체류 기간을 묻는 경우도 있습니다. 스탬프를 찍지 않는 경우도 있으므로 필요하다면 스탬프를 찍어달라고 합시다.

여권 보여 주세요.
Cho tôi xem hộ chiếu.
쩌 또이 쌤 호 찌에우
May I see your passport, please?

여행 목적이 뭔가요?
Mục đích đi du lịch là gì?
묵 딕 디 주 릭 라 지
What's the purpose of your visit?

관광이요. / 출장이요.
Du lịch tham quan. / Làm việc.
주 릭 탐 꽌 / 람 비엑
Sightseeing. / Business.

얼마나 있으실 건가요?
Ở bao nhiêu ngày?
어어 바오 니에우 응아이
How long are you going to stay?

4일 정도요.
Khoảng 4 ngày.
코왕 본 응아이
About four days. 참고 P.150

어디에 묵으시나요?
Trọ tại đâu?
쩌 따이 더우
Where are you staying?

국제공항에서 입국할 때는 입국 카드는 필요 없습니다.

마제스틱 호텔이요. / 친구 집이요.
Khách sạn Majestic. / Ở nhà bạn.
카익 싼 마제스틱 / 어어 냐 반
Hotel Majestic. / My friend's house.

입국 절차

1 도착
공항에 도착하여 안내에 따라 입국 심사대로 이동한다.

2 입국심사
외국인 카운터에 줄을 서고 입국 심사를 받는다.

3 짐 찾기
항공사, 편명을 확인하고 맡겼던 위탁 수하물을 찾는다.

4 세관
짐을 X선 검사에 맡긴다. 세관에 신고할 물건이 있는 경우 세관 신고서를 작성하고 전용 창구에서 수속을 밟는다.

5 도착 로비
세관을 빠져나와 게이트를 통과하면 도착 로비가 나온다.

환승하는 경우

보딩 게이트가 어디인가요?
Cửa lên máy bay ở đâu?
끄아 렌 마이 바이 어어 더우
Where is the boarding gate?

위탁 수하물을 잃어버린 경우

위탁 수하물을 잃어버린 경우에는 먼저 'LOST & FOUND' 카운터를 찾읍시다. 항공권과 수하물표를 직원에게 보여 주고 절차를 기다립니다. 바로 찾지 못하는 경우에는 짐을 숙박하는 호텔에 보내 달라고 부탁합시다. 만일을 대비해 여분의 속옷이나 세면도구, 화장품 등을 기내에 가지고 타는 것도 좋습니다.

세관에서 수하물에 대해 물어볼 수도 있어요.

제 짐이 아직 안 나왔어요.
Va li của tôi chưa ra.
바 리 꾸아 또이 쯔아 자
My suitcase hasn't arrived yet.

찾는 대로 호텔로 보내 주세요.
Khi nào tìm thấy nhờ gửi tới khách sạn.
키 나오 띰 터이 녀 그이 떠이 카익 싼
Please deliver it to my hotel as soon as you've located it.

수하물이 파손됐어요.
Va li bị hỏng.
바 리 비 험
My suitcase is damaged.

친구에게 줄 선물이에요. / 제가 사용하는 물건이에요.
Quà dành cho bạn. / Đồ dùng của tôi.
꾸아 자잉 쩌 반 / 도 줌 꾸아 또이
A present for my friend. / My personal belongings.

도움이 되는 단어장 WORD

도착하다	đến 덴	짐을 받다	nhân hành lý 년 하임 리	검역하다	kiểm dịch 끼엠 직
		세관	hải quan 하이 꾸완	면세하다	miễn thuế 미엔 투에
		도착 역	ga đến 가 덴	과세하다	đánh thuế 다잉 투에
출입국	xuất nhập cảnh 쑤왓 녑 까잉	짐 회수권	cuống vé hành lý 꾸옹 베 하잉 리	세관 신고서	giấy khai hải quan 지어이 카이 하이 꾸완

117

기내에서 보다 쾌적하게
보내기 위해

비행기에 올라타면 벌써 해외여행이 시작된 것입니다.
여행 가기 전부터 표현들을 익혀 비행기 안에서부터 외국인 승무원에게 말을 걸어 봅시다.

기내에서는?

기내에서 쾌적하게 보내기 위
해서는 무엇이든 바로 승무원
에게 말하는 것이 좋습니다.

기내에 가지고 타면
편리한 물건은?

- 슬리퍼
- 마스크
- 겉옷
- 귀마개
- 목 베개
- 안대
- 상비약
- 콘택트렌즈
  세정액&보존액
- 안약&인공 눈물
- 목캔디
- 물티슈
- 미스트
- 칫솔&치약
- 가이드북&회화책
- 붓기 방지용 양말

액체류는 반입
제한이 있으므로
비행기에 가지고
타기 전에 반드시
확인하세요.

여기 제 좌석인 것 같아요.
Đây là ghế của tôi.
데이 라 계 꾸아 또이
I think you are in my seat.

<u>씨엠 리엡</u> 항공으로 변경할게요.
Dự định sẽ chuyển máy bay tới Siêm Riệp.
즈 딩 쎄에 쭈위엔 마이 바이 떠이 씨엠 리엡
I'll connect with another flight to Siem Reap.

저 몸이 좀 안 좋아요.
Tôi cảm thấy khó chịu.
또이 까암 터이 커 찌우
I feel sick.

모니터가 고장 났어요.
Màn hình bị hư rồi.
만 힝 비흐 조이
The monitor is not working.

여기에 제 짐을 둬도 될까요?
Tôi có thể để hành lý ở đây được không?
또이 커 테에 데에 하잉 리 어 데이 드억 콤
Can I put my baggage here?

의자 좀 젖혀도 될까요?
Có thể ngả ghế ra đằng sau được không?
꺼 테에 응아 계 자 당 싸우 드억 콤
Can I recline my seat?

화장실이 어디인가요?
Nhà vệ sinh ở đâu?
냐 베 씽 어 더우
Where's the restroom?

기내 방송을 알아들을 수 있어요 !

안전벨트를 매 주십시오 .
Xin cài dây an toàn.
씬 까이 저이 안 또안
Please fasten your seat belts.

좌석으로 돌아가 주십시오 .
Xin quay lại chỗ ngồi.
씬 꾸와이 라이 쪼오 응오이
Please get back to your seat.

좌석 등받이를 원상태로 해 주십시오 .
Xin để thẳng lưng ghế.
씬 데에 탕 릉 계
Please put your seat back to its original position.

테이블을 원위치해 주십시오 .
Xin trả bàn ăn lại vị trí cũ.
씬 짜아 반 안 라이 비 찌 꾸우
Please put your table back to its original position.

뭔가 부탁하고 싶을 때는?

좌석에 있는 '승무원 호출' 버튼을 누르면 주변 사람들에게 폐를 끼치지 않고도 승무원을 부를 수 있습니다.

기내에서 술을 마시면 지상에 있을 때보다 더 빨리 취합니다. 너무 많이 마시지 않도록 주의합니다.

무사히
도착했습니다!

베개와 담요 좀 주세요.
Cho tôi xin cái gối và chăn.
쩌 또이 씬 까이 고이 바 짠
Could I have a pillow and a blanket?

추워요[더워요].
Lạnh[Nóng].
라잉[넘]
I feel cold[hot].

오렌지 주스[맥주] 주세요.
Cho tôi nước cam[bia].
쩌 또이 느억 깜[비아]
Orange juice[Beer], please.

식사 시간에 깨우지 말아 주세요.
Đừng gọi tôi dậy khi đến giờ ăn.
등 거이 또이 저이 키 덴 져 안
Don't wake me up for the meal service.

이것 좀 치워 주시겠어요?
Dọn xuống giùp được không?
전 쑤옹 지웁 드억 콤
Could you take this away?

도움이 되는 단어장 WORD		
	창가 쪽 자리 chỗ ngồi phía cửa sổ 쪼오 응오이 피아 끄아 쏘오	시차 giờ chênh lệch 져 쩨잉 레익
	복도 쪽 자리 chỗ ngồi phía lối đi 쪼오 응오이 피아 로이 디	멀미가 나다 buồn nôn 부온 논
사용 중 đang sử dụng 당 쓰으 쥼	좌석 번호 số ghế 쏘오 계	비상구 cửa thoát hiểm 끄아 토앗 히엠
비어 있는 đang trống 당 쫑	현지 시간 giờ địa phương 져 디아 프엉	약 thuốc 투옥

드디어
귀국 날입니다

공항 sân bay
썬 바이

출발 약 2시간 전부터 체크인이 가능하므로 여유를 가지고 공항으로 향합시다.
현지 사람들과 이야기할 수 있는 것도 이번이 마지막. 힘이 닿는 데까지 말해 봅시다.

공항으로 향합시다.

출발 2시간 전까지 공항에 도착해서 출국 수속을 받읍시다. 입국 시와 마찬가지로 국제공항에서 출국하는 경우에는 출국 카드가 필요 없습니다.

베트남 항공 카운터가 어디에 있나요?
Quầy của hãng Hàng Không Việt Nam ở đâu?
꾸워이 꾸아 하앙 항 콤 비엣 남 어어 더우
Where is the Vietnam Airlines counter?

체크인을 해 주세요.
Làm ơn thủ tục lên máy bay.
람 언 투우 뚝 랜 마이 바이
Check in, please.

비행기 티켓을 다시 확인하고 싶어요.
Tôi muốn xác nhận lại vé máy bay.
또이 무온 싹 년 라이 베 마이 바이
I'd like to reconfirm my flight.

제 이름은 이유진이에요.
Tôi tên là Lee Yujin.
또이 땐 라 이유진
My name is Lee Yujin.

체크인

이용하는 항공사의 체크인 카운터에서 체크인을 합시다. 항공권과 여권을 제시하고 기내에 들고갈 수 없는 짐은 위탁 수하물로 맡기고, 수하물 표를 꼭 챙깁시다.

8월 15일 부산으로 가는 비행기고 편명은 VN950이에요.
Chuyến bay VN950 đến Busan ngày 15 tháng 8.
쭈이옌 바이 브이 엔 찐 남 콤 뗀 부싼 응아이 므어이 람 탕 땀
My flight number is VN 950 for Busan on August 15th.
참고 P.150

죄송합니다. 이륙까지 시간이 얼마 남지 않았어요.
Xin lỗi. Tôi không có thời gian cho đến khi khởi hành.
씬 로이 또이 콤 꺼 터이 쟌 쩌 댄 키 커이 하잉
I'm sorry. My flight is leaving shortly.

창가 좌석[복도 쪽 좌석]으로 주세요.
Cho tôi ngồi ghế bên cửa sổ [lối đi].
쩌 또이 응오이 계 벤 끄아 쏘[로이 디]
A window[An aisle] seat, please.

서둘러야 할 때는...

120

출국 수속

1 체크인
항공사 카운터에서 체크인을 하고 짐을 맡긴다. →

2 세관심사
여권과 탑승권을 제출한다. 소지품에 면세 범위를 넘어가는 물건이 있는 경우나 입국 시 신청한 물건이 있는 경우 신고한다. →

3 보안 검사
짐을 X선검사에서 검사하고 게이트를 통과하며 소지품 검사도 한다. →

4 출국 심사
여권과 탑승권, 출국 카드를 제출하고 출국 심사를 받는다. 끝나면 출국장 로비로 향한다. 시내에서 구입한 면세품을 받으려면 출국 로비로 간다.

공항에서는 항상 시간을 신경 씁시다. 모르는 것이 있다면 바로 공항 직원에게 물어봅시다.

다른 비행 편으로 바꿀 수 있을까요?
Có thể đổi sang chuyến bay khác được không?
꺼 테에 도이 쌍 쭈이엔 바이 칵 드억 콤
Can I change the flight?

3번 게이트가 어디 입니까?
Cửa số 3 ở đâu?
끄아 쏘 바 어어 더우
Where is Gate 3?

참고 P.150

이 항공편 정시에 출발하는 거 맞죠?
Chuyến bay này sẽ khởi hành đúng giờ phải không à?
쭈이엔 바이 나이 쎄어 커이 하잉 둥 져 파이 콤 아
Will this flight leave on schedule?

얼마나 연착되나요?
Trễ khoảng bao lâu?
쩨에 코앙 바오 러우
How long will it be delayed?

위탁 수하물 맡기기
가위나 손톱깎이 등 칼 종류는 기내 반입이 금지되어 있으므로 위탁 수하물에 맡겨야 합니다. 또 액체류 반입에 제한 사항이 있기 때문에 화장품 또한 제한 대상입니다.

깨지기 쉬운 물건이 있어요.
Có đồ dễ vỡ.
꺼 도 제에 버어
I have a fragile item.

위탁 수하물 안에 깨지기 쉬운 물건이 있는 경우는 관계자에게 미리 말해주세요.

이건 기내 수하물이에요.
Đây là hành lý xách tay.
데이 라 하잉 리 싸익 따이
This is carry-on luggage.

무사히 비행기에 탔습니다!

짐을 가져가도 되나요?
Mang hành lý ra có được không?
망 하잉 리 자 꺼 드억 콤
Can I take out my luggage?

121

공항에서
시내로 이동

| 택시 | taxi
딱씨 | | 버스 | xe buýt
쎄 빗 |

공항에서 시내까지는 여러 가지 방법으로 갈 수 있습니다. 예산이나 스케줄에 따라 선택합시다. 여기서부터는 현지 사람들을 접할 기회가 많아지므로 먼저 적극적으로 말을 걸어 봅시다.

공항에서 시내로

공항에서 시내로 향할 때는 택시나 버스로 이동이 가능합니다. 밤늦게 도착하는 경우나 베트남에 처음 온 경우에는 요금이 비싸지만 호텔의 셔틀버스 운행을 이용하는 것을 추천합니다.

택시를 이용

호찌민이라면 도착 로비에 있는 카운터에서 시내까지의 티켓을 구입하거나 손님을 기다리는 택시를 이용합시다. 하노이라면 택시 타는 곳에서 택시를 이용합시다. 심하게 호객 행위를 하는 택시는 주의합니다. 미터기 택시의 경우는 반드시 미터기가 작동하는지 확인합시다.

호텔 운송 서비스를 이용

도착 로비에서 이름표를 들고 직원이 기다리고 있습니다. 큰 호텔의 경우는 창구가 있는 경우도 있습니다. 승차할 때는 차체에 붙은 호텔 이름을 확인하세요.

호텔에 운송 서비스가 없는 경우는 여행사에 부탁하는 것도 좋습니다.

카트를 찾고 있어요.
Tôi đang tìm xe đẩy hàng.
또이 당 띰 쎄 데이 항
Where are the baggage carts?

택시 표 사는 곳이 어디인가요?
Quầy bán vé xe taxi ở đâu?
꾸워이 반 베 쎄 딱씨 어어 더우
Where is the ticket office?

택시 승하차장이 어딘가요?
Bến xe taxi ở đâu?
벤 쎄 딱씨 어어 더우
Where is the taxi stand?

이 호텔까지 택시로 얼마나 나오나요?
Đi đến khách sạn này mất khoảng bao nhiêu tiền taxi?
디 덴 카익 싼 나이 멋 코왕 바오 니에우 띠엔 딱씨
How much does it cost to this hotel by taxi?

마제스틱 호텔에서 내릴게요.
Tôi muốn xuống tại khách sạn Majestic.
또이 무온 쑤옹 따이 카익 싼 마제스틱
I want to get off at Hotel Majestic.

캐리어 내리는 것 좀 도와주시겠어요?
Mang va li xuống giùm tôi.
망 바 리 쑤옹 지움 또이
Could you unload my suitcase from the trunk?

마제스틱 호텔 직원이신가요?
Anh là nhân viên đi đón của khách sạn Majestic?
아잉 라 년 비엔 디 던 꾸아 카익 싼 마제스틱
Are you the staff of the Hotel Majestic?

노선 버스를 이용

공항 내에 타는 곳이 있습니다. 정해진 시간보다 더 일찍 버스를 타러 가 여유를 가지는 것을 추천합니다. 요금은 승차 후 기사님에게 냅니다.

마제스틱 호텔로 가는 버스 정류장이 어디인가요?
Trạm xe buýt đi khách sạn Majestic ở đâu?
짬 쎄 빗 디 카익 싼 마제스띡 어어 더우
Where can I get the bus survice for the Hotel Majestic?

시내로 가는 버스가 있나요?
Có xe buýt đi trung tâm thành phố không?
꺼 쎄 빗 디 쭝 떰 타잉 포 콤
Is there an airport bus to the city?

가는 데 얼마나 걸리나요?
Bao nhiêu phút có một chuyến?
바오 니에우 풋 꺼 못 쭈이옌
How often does it run?

몇 시에 출발하나요?
Mấy giờ khởi hành?
머이 져 커이 하잉
What time does it leave?

성인 1명 티켓 주세요.
Cho một vé người lớn.
쩌 못 베 응어이 런
One adult, please.
참고 P.150

이 버스 후에에 가나요?
Xe khách này có đi Huế không?
쎄 카익 나이 꺼 디 훼 콤
Does this bus to Hue?

다음 버스는 몇 분 뒤에 오나요?
Mấy phút sau có xe buýt tiếp?
머이 풋 싸우 꺼 쎄 빗 띠엡
What time does the next bus leave?

(차내 방송)다음 정류장은 벤탄 시장입니다.
Trạm tiếp là chợ Bến Thành.
짬 띠엡 라 쩌 벤 타잉
The next stop is Ben Thanh Market.
참고 P.86

무사히 도착
했습니다!

대중교통을 타고 이동하기

기차 đường sắt 드엉 쌋

남북으로 길게 뻗은 국토를 힘차게 달리는 베트남 철도.
목적지까지 기차표를 사서 제대로 타면 기차에서만 느낄 수 있는 여행 풍경을 느낄 수 있습니다.

베트남 철도에 대해

하노이를 기점으로 4개의 노선이 있습니다. 호찌민과 하노이를 잇는 노선, 후에 또는 다낭 등 주요 도시를 경유하는 통일 철도가 주요 노선입니다.

예약 방법

티켓은 1주 정도 전에 발매됩니다. 역에서도 살 수 있지만 말이 통하지 않는 경우 등 진입 장벽이 높으므로 여행사를 통해 사는 것이 확실합니다.

주요 좌석 종류

소프트 시트 : 리클라이닝(등받이 뒤로 젖히기)이 가능한 좌석
하드 베드 : 매트리스가 없는 침대에 3단 2열로 1실.
소프트 베드 : 쿠션이 있는 침대에 보통 2단 2열로 1실. 간단한 도시락 제공

매표소가 어디인가요?
Phòng bán vé ở đâu?
펌 반 베 어 더우
Where is the ticket office?

내일 아침 10시에 후에에 가는 표 예약하려고요.
Tôi muốn đặt vé đi Huế vào 10 giờ sáng mai.
또이 무온 닷 베 디 훼 바오 므어이 져 쌍 마이
I'd like to reserve a train for Hue that departs tomorrow at ten.

성인 2명 소프트 베드로 주세요.
Cho tôi hai vé người lớn, ghế mềm.
쩌 또이 하이 베 응어이 런 계 맴
Two adult tickets for the soft seat, please.
참고 P.150

2번 승하차장이 어디인가요?
Sân ga số hai ở đâu?
썬 가 쑈 하이 어 더우
Where is the platform No. 2?
참고 P.150

호이안 가는 기차 승하차장이 여기인가요?
Chuyến tàu đi Hội An là ở sân này không?
쭈옌 따우 디 호이 안 라 어 썬 나이 콤
Does the train for Hoi An leave from this platform?

(티켓을 보여주며) 이 좌석을 찾고 있어요.
Tôi đang tìm chỗ ngồi này.
또이 당 띰 쪼오 응오이 나이
I'm looking for this seat.

하노이에 가려면 어떤 기차를 타야 하나요?
Đi Hà Nội thì lên tàu nào?
디 하노이 티 랜 따우 나오
Which line should I take to go to Ha Noi?

열차를 타는 방법

1 개찰
기차는 시간이 정확하므로 늦지 않도록 한다. 직원에게 티켓을 보여 주고 들어간다. →

2 플랫폼
승차할 열차가 어디로 정차하는지 직원에게 물어보고 티켓에 기재된 차량에 탄다. →

3 승차
차량 입구에서 직원에게 티켓을 보여 주고 승차한다. 운행 중에도 검표를 하니 티켓을 잃어버리지 않게 주의한다.

철도 이용 시 주의사항

● 소매치기나 도둑을 주의할 것. 귀중품은 항상 몸에 지니고 다니고, 또 짐은 자물쇠 등으로 잘 잠가 둡시다.

● 차내의 화장실은 베트남식인 경우가 대부분이므로 휴지를 미리 준비합시다.

● 아침 일찍 목적지에 도착하는 경우는 밝아질 때까지 대합실에서 시간을 보내고, 밝아진 후에 번화가로 이동합시다.

기차는 제도나 시스템이 바뀌는 경우가 있습니다. 이용할 때 사전에 확인하세요.

이 기차 <u>사이공</u> 가나요?
Chuyến tàu này có đi Sài Gòn không?
쭈옌 따우 나이 꺼 디 싸이곤 콤
Does this train go to Sai Gon?

누워서 갈 수 있는 것으로 변경하고 싶어요.
Tôi muốn đổi vé sang giường nằm.
또이 무온 도이 베 쌍 지으엉 남
I'd like to change my reservation to Sleeping Car.

다음 역이 <u>다낭</u> 맞나요?
Ga tiếp là ga Đà Nẵng phải không?
가 띠엡 라 가 다 나앙 파이 콤
Is the next station Da Nang?

도움이 되는 단어장 WORD			
	하드 베드	giường cứng 지으엉 꿍	승하차장 sân ga 썬 가
단단한 좌석 ghế cứng 게 꿍	소프트베드	giường mềm 지으엉 멤	안내판 bảng hướng dẫn 방 흐엉 저언
소프트 시트 ghế mềm 게 멤	개찰구	cửa soát vé 끄아 쏘앗 베	소요 시간 thời gian cần thiết 터이 쟌 껀 티엣

티켓 견본 (예)

```
0100106264      VÉ HÀNH KHÁCH
CTVTHKĐS Hà Nội
                              HARD SEAT    TN17
출발역 ──────  HÀ NỘI ──→ THANH HOÁ  ────── 도착역
                                      열차 번호
        Ngày bán:01.02.2012          33694122
승차일 ── Ngày đi Date  :03.02.2012 | Giờ/Time  :10:05 ── 출발 시간
차 번호 ── Toa/Coach  :6         | Táng/Level  :    ── 좌석 등급
        Loại vé/Ticket :Foreigner | Ghế/Seat  :55   ── 좌석
        Giá vé/Price:90.000 đồng  ────────── 운임
        Giá vé trên đã có bảo hiểm và 10% thuế GTGT
        M970402
        Liên 2: Giao HK    HNO07AG970402
```

대중교통을 타고 이동하기

버스
xe buýt
쎄 빗

시민들의 발이 되어 주는 노선 버스는 관광객에게는 타는 법이 조금 어려울 수도 있어요.
하지만 현명하게 이용하면 저렴한 요금에 종횡무진 다닐 수 있어요.

운행 시간

호찌민과 하노이에서는 아침 5시쯤부터 저녁 9시쯤까지, 5~20분 간격으로 운행합니다.

승차 전에

버스 노선도를 얻어 목적지에 가는 버스 노선 번호를 확인합시다. 호찌민이라면 벤탄 시장 앞의 사이공 버스터미널에서 무료 배포하며, 하노이에서는 서점이나 기념품점에서 판매하고 있습니다.

장거리 버스 터미널에 있는 티켓을 구입하는 창구

벤탄 시장으로 가는 버스 어디에서 출발하나요?
Xe buýt đi chợ Bến Thành xuất phát từ đâu?
쎄 빗 디 쩌 벤 타잉 쑤웟 팟 뜨 더우
Where does the bus for Ben Thanh Market?   참고 P.86

표 한 장 주세요.
Cho tôi một vé.
쩌 또이 못 베
A ticket, please.

하노이 역으로 갈 거예요.
Tôi đi tới ga Hà Nội.
또이 디 떠이 가 하 노이
I'm going to Ha Noi.

이 버스 오페라 하우스에 가나요?
Xe buýt này có đi đến nhà hát thành phố không?
쎄 빗 나이 꺼 디 덴 냐 핫 타잉 포 콤
Does this bus go to the Municipal Theatre?   참고 P.86

노트르담 성당에 가고 싶은데 어디에서 내려야 하나요?
Muốn đi đến Nhà thờ Đức Bà thì xuống xe ở đâu?
무온 디 덴 냐 터 득 바 티 쑤옹 쎄 어 더우
Where should I get off to go to Notre-Dame Saigon?   참고 P.86

버스 노선도를 얻을 수 있을까요?
Cho tôi bản đồ các tuyến xe buýt.
쩌 또이 바안 도 깍 뚜옌 쎄 빗
Can I have a bus route map?

여기에 가려면 몇 번 버스를 타야 하나요?
Muốn đi đến đây thì lên xe buýt số mấy?
무온 디 덴 데이 티 렌 쎄 빗 쏘 머이
Which line do I have to take to go there?

노선 버스 타는 방법

1) 승차하기
노선 번호를 확인하고 앞쪽 문으로 승차합니다. 목적지를 적어둔 메모를 보여 주면 그 장소에서 세워 줍니다. 요금은 차내에 징수하는 차장에게 지불합니다.

2) 하차하기
뒤쪽 문으로 하차합니다. 승객이 타고 내리는 것을 기다리지 않고 버스가 움직이는 경우도 있기 때문에 주의합니다.

익숙해지면 싸고 편리하다.

무사히 버스를 탔습니다!

갈아타야 하나요?
Có cần chuyển xe không?
꺼 껀 쭈옌 쎄 콤
Do I have to transfer?

어디에서 갈아타나요?
Chuyển xe ở đâu à?
쭈옌 쎄 어 더우 아
Where should I transfer?

다음 버스는 몇 시에 있나요?
Xe buýt tiếp theo là mấy giờ?
쎄 붓 띠엡 테오 라 머이 져
What time does the next bus leave?

벤탄 시장에 도착하면 말씀해 주세요.
Khi nào đến chợ Bến Thành thì báo cho tôi nhé.
키 나오 덴 쩌 벤 타잉 티 바오 쩌 또이 녜
Please tell me when we arrive at Ben Thanh Market.   참고 P.86

여기에서 내릴게요.
Tôi xuống đây.
또이 쑤옹 더이
I'll get off here.

지나갈게요.
Xin lỗi, cho tôi đi qua.
씬 로이 쩌 또이 디 꾸아
Let me through, please.

다음 정류장 이름이 뭔가요?
Trạm xe tiếp theo là tên gì?
짬 쎄 띠엡 테오 라 뗀 지
What is the next stop?

돌아오는 버스 정류장은 어디인가요?
Trạm xe buýt quay về ở đâu?
짬 쎄 붓 꾸와이 베 어 더우
Where is the bus stop for going back?

127

대중교통을 타고 이동하기

택시
taxi
딱씨

호찌민이나 하노이 관광 시 무척 편리한 택시.
이용 방법을 익혀 능숙하게 이용합시다.

택시 잡기

운행 중인 택시가 손님을 기다리는 택시보다 트러블이 적습니다. 빈 차인지 운행 중인지 대시보드 위에 있는 '빈 차'라고 쓰인 빨간 램프를 보고 판단합니다. 호텔 프런트나 레스토랑에서 부르는 경우에는 택시 기사에게 팁을 건넵시다.

택시 기사가 잔돈을 가지고 있지 않은 경우가 있으므로 소액 지폐를 준비해 탑시다.

승차하기

문을 직접 열고 미터기가 잘 달려 있는지 확인하고 탑승

주변에 차나 오토바이가 없는지 확인하고 문을 엽니다.

행선지 말하기

행선지를 적은 메모나 가이드북을 보여주며 행선지를 말합니다. 운행 중에 미터기가 움직이는지 확인합니다.

택시 좀 불러 주세요.
Làm ơn gọi taxi giúp tôi.
람 언 거이 딱씨 줍 또이
Could you call a taxi?

대략 얼마인가요?
Khoảng bao nhiêu?
코왕 바오 니에우
How much will it be?

> 지나가는 택시를 잡을 때는 손을 들어 의사를 밝힙니다.

얼마나 걸리나요?
Mất khoảng bao nhiêu thời gian?
멋 코왕 바오 니에우 터이 쟌
How long does it take?

이 주소로 가 주세요.
Làm ơn đưa tôi đi đến địa chỉ này.
람 언 드아 또이 디 덴 디아 찌이 나이
Please go to this address.

오페라 하우스로 가 주세요.
Tôi muốn đi đến Nhà hát thành phố giùm.
또이 무온 디 덴 냐 핫 타잉 포 줌
I want to go to the Municipal Theatre.
참고 P.86

조금 더 빨리 가 주세요.
Nhanh lên một chút nhé!
냐잉 렌 못 쭛 녜
Please hurry!

짐을 트렁크에 실어 주세요.
Cho hành lý vào thùng xe giùm.
쩌 하잉 리 바오 퉁 쎄 줌
Please put my luggage in the trunk.

128

평이 좋은 택시 회사를 골라 탑시다.

개인택시보다 회사에 속한 택시가 안전하기 때문에 추천합니다. 아래는 양심적인 택시 기사가 많고 평이 좋은 택시 회사들입니다. 회사명이나 차체가 비슷한 경우가 많으므로 주의합시다.

호찌민 택시회사
마이린 택시(Mai Linh Taxi)
비나 산 택시(Vina Sun Taxi)

하노이 택시회사
하노이 택시(Hanoi Taxi)

트러블이 생겼을 때를 대비해 사 연증이나 차 번호 를 메모해 둡시다.

여기에서 세워 주세요.
Xin dừng ở đây.
씬 증 어어 데이
Stop here, please.

여기에서 조금만 기다려 주세요.
Chờ ở đây một chút.
쩌 어어 데이 못 쯧
Please wait here for a minute.

하차하기

목적지에 도착하면 요금을 냅니다. 미터기는 동(VND) 표시로 미터기의 숫자에 0을 2개 더하면 지불할 금액이 됩니다. 만약을 대비해 영수증을 받아 둡시다.

미터기 요금을 반드시 체크!

얼마예요?
Bao nhiêu?
바오 니에우
How much is it?

영수증 주세요.
Xin hóa đơn.
씬 화 던
Could I have a receipt?

미터기랑 금액이 다르네요.
Số tiền khác với số trên đồng hồ.
쏘 띠엔 카익 버이쏘 쩬 돔 호
The fare is different from the meter.

베트남 택시의 트러블에 대해

팁을 청구

미터기에 표시된 500동 단위를 높여 부르는 경우가 많지만, 이 요금 이외에 팁을 요구하는 경우도 있다. 택시를 부른 경우나 무거운 짐을 옮겨 준 경우를 제외하고는 팁은 기본적으로 지불할 필요가 없다.

미터기 개조

미터기를 약 2배의 속도로 높여 개조한 경우가 있다. 운행 중에 미터기의 움직임을 체크하자.

교통사고가 났다면

교통 매너가 안 좋은 하노이 등지에서는 사고를 당할 위험성도 있다. 만약 사고에 휩쓸렸다면 경찰에게 연락해 병원으로 간다. 중증이라면 한국 대사관에 연락한다.

129

대중교통을 타고 이동하기

바이크 택시 xe ôm 쎄옴

시클로 xe xích lô 쎄 씩 로

베트남에서 시민의 발이 되어 주는 바이크 택시와 이국적인 느낌의 인력거 시클로를 타고 이동을 즐겁게 해 봅시다. 요금 트러블에 주의합시다.

바이크 택시

뒷자리에 손님을 태우고 다니는 택시로, 시민들도 빈번하게 이용합니다. 짐이 적을 때는 편리합니다. 사전에 요금을 흥정합시다.

벤탄 시장으로 가 주세요.
Đi chợ Bến Thành nhé.
디 쩌 벤 타잉 녜
Take me to Ben Thanh market, please.

참고 P.86

얼마예요?
Bao nhiêu tiền?
바오 니에우 띠엔
How much is the fare?

너무 비싸요.
Đắt quá.
닷 꾸아
It's too expensive.

조금만 깎아 주세요.
Bớt tí đi.
벗 띠 디
Could you make a discount?

시클로

자전거의 앞에 좌석을 붙여서 만든 인력거. 이것도 타기 전에 미리 요금을 흥정합시다.

3만 동에 해 주세요.
Đi 30.000 nhé.
디 바므어이 응인 녜
Take me there in 30,000 vnd, please.

참고 P.150

여기에 금액을 써 주세요.
Ghi số tiền vào đây giúp.
기 쑈 띠엔 바오 데이 줍
Write the fare here, please.

몇 분이나 걸려요?
Mất mấy phút?
멋 메이 풋
How many minutes does it take?

베트남에서 느낄 수 있는 탈 것, 시클로

시클로는 예전에는 베트남 서민들의 일반적인 교통 수단이 었습니다. 최근 탈 수 없는 지역이 많아지면서 이동 수단으로 사용하지 않게 되었고, 관광용으로 시클로가 운행하게 되면서 어렴풋이 베트남의 풍경을 만끽할 수 있어 좋습니다.

옵션 투어를 이용하는 것이 안심됩니다.

시클로에서는 드라이버와 트러블이 발생할 수 있기 때문에 이용 시에 주의가 필요합니다. 안심하고 타기 위해서는 여행사를 통해 예약하는 것을 추천합니다.

무사히 도착 했습니다!

너무 빨라요.
Nhanh quá.
냐잉   꾸아
It's too fast.

속도 좀 줄여 주세요.
Giảm tốc độ giùm.
지암   똑 도 지움
Slow down, please.

여기서 세워 주세요.
Xin dừng lại đây.
씬   증   라이 데이
Stop here, please.

거스름돈을 잘못 주셨어요.
Tiền trả lại không đúng.
띠엔 짜아 라이 콤   둠
You gave me the wrong change.

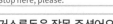

도움이 되는 단어장
WORD

빠르다	nhanh 냐잉	싸다	rẻ 제에	목적지	nơi đến 너이 덴
느리다	chậm 쩜	좁다	chật hẹp 쩟 햅	소요 시간	thời gian cần thiết 터이 쟌 껀 티엣
천천히	từ từ 뜨 뜨	위험하다	nguy hiểm 응위 히엠	가격	giá tiền 쟈 띠엔
비싸다	đắt 닷	안전한	an toàn 안 또안	거스름돈	tiền trả lại 띠엔 짜아 라이
		주의하다	chú ý 쭈 이	투어	tour 뚜어
		사고	tai nạn 따이 난	협상하다	đàm phán 담 판

환전은
이렇게 하세요

화폐와 환전 tiền tệ và đổi tiền
띠엔 떼 바 도이 띠엔

여행지에서 가장 중요한 것이 바로 돈. 만일에 대비해 고액의 현금을 들고 다니는 것을 피하세요. 소액이나 팁은 현금으로 내고, 큰돈은 카드에 넣어서 사용하세요.

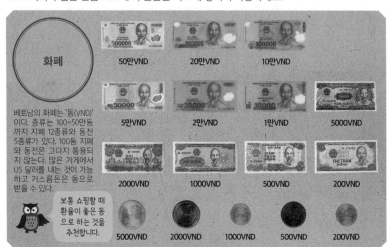

화폐

베트남의 화폐는 '동(VND)'이다. 종류는 100~50만동까지 지폐 12종류와 동전 5종류가 있다. 100동 지폐와 동전은 그다지 통용되지 않는다. 많은 가게에서 US 달러를 내는 것이 가능하고 거스름돈은 동으로 받을 수 있다.

50만VND | 20만VND | 10만VND
5만VND | 2만VND | 1만VND | 5000VND
2000VND | 1000VND | 500VND | 200VND

보통 쇼핑할 때 환율이 좋은 동으로 하는 것을 추천합니다.

5000VND | 2000VND | 1000VND | 500VND | 200VND

환전에 대해

공항이나 호텔, 은행, 번화가의 환전소 등에서 환전이 가능합니다. 환전을 하면 창구를 벗어나지 말고 그 자리에서 확인한 후 파손되거나 더러워진 지폐가 있다면 교환합니다. 환전 시에 여권을 제시해야 하는 경우도 있습니다.

환전소가 어디인가요?
Đi đổi tiền ở đâu?
디 도이 띠엔 어 더우
Where is the money exchange?

원화를 200만 동으로 바꾸고 싶어요.
Tôi muốn đổi từ tiền won sang hai triệu đồng.
또이 무온 도이 뜨 띠엔 원 쌍 하이 찌에우 돔
I'd like to buy 2,000,000vnd with won. 참고 P.150

어떻게 환전하고 싶으세요?
Muốn đổi như thế nào?
무온 도이 느 테 나오
How would you like it?

20만 동 5장이랑 10만 동 10장이요.
5 tờ 200.000 đồng và 10 tờ 100.000 đồng.
남 떠 하이 짬 응인 동 바 므어이 떠 못 짬 응인 동
I'd like five 200,000vnd bills and ten 100,000vnd bills. 참고 P.150

원을 동으로 바꿀 거예요.
Đổi từ won sang đồng.
도이 뜨 원 쌍 동
Can you change won into vnd?

호텔에서 환전하는 경우에는 환율이 좋지 않지만, 급할 때에는 편리합니다.

이 수표를 현금으로 바꿔 주세요.
Đổi cái séc này sang tiền mặt.
도이 까이 쌕 나이 쌍 띠엔 맛
I'd like to cash this traveler's check.

달러를 동으로 바꿀 거예요.
Đổi từ đô sang đồng.
도이 뜨 도 쌍 동
Please change dollar into vnd.

잘못된 것이 있나요?
Có tính nhầm không?
꺼 띵 념 콤
I think this is incorrect.

영수증 보여 주실 수 있나요?
Cho tôi xem giấy biên nhận.
쩌 또이 쌤 지어이 비엔 년
Could I have the receipt?

무사히 환전했습니다!

20만 동 (10장으로) 바꿔 주세요.
Đổi cho tôi (10 tờ) 200.000 đồng.
도이 쩌 또이(므어이 떠) 하이 짬 응인 동
(Ten) 200,000vnd, please.

참고 P.150

신용 카드로 현금 서비스 이용을?

국제브랜드의 신용 카드나 그 제휴 신용 카드를 사용하면 길거리 여기저기에서 볼 수 있는 ATM기에서 현금 서비스 이용이 가능하다. 필요한 금액만큼 인출할 수 있기 때문에 여유분의 현금이 없어도 걱정이 없다.

이용 제한, 이용 조건 등을 출발 전에 확인해 두자.

1. 신용 카드를 넣는다.

2. 「비밀번호를 눌러 주세요」

4개의 비밀번호(PIN)를 입력한다.

3. 「인출 내용을 선택해 주세요」

현금 서비스의 경우에는 「WITHDRAWAL」를 선택한다.

4. 「금액을 입력해 주세요.」

버튼으로 금액을 입력하고 현금 서비스의 경우에는 'CREDIT'을 선택한다.

잔액 조회
계좌이체
중지

현금 서비스
당좌 예금
예금

편지나 소포를 보내봅시다.

우편과 배송
Bưu điện và chuyển phát
브우 디엔 바 쭈이엔 팟

해외에서 편지로 여행의 기분을 전하세요.
사 두었던 기념품을 소포로 보내면, 가벼운 몸으로 여행을 할 수 있겠죠.

편지나 엽서 보내기
국제 우편의 경우 우체국 창구에 가서 처리하는 것이 가장 빠르며 한국에는 약 1주 정도 후에 도착합니다. 길거리에 있는 노란색 우체통은 국내 전용이므로 주의!

베트남의 우체통

국내 전용.
국제 우편을
취급하지 않
으므로 주의.

소포 보내기
내용물 체크를 하고 그 후에 우체국의 소포 서비스를 이용하여 보냅니다. 항공편으로도 한 달 정도가 걸리기도 합니다.

우표는 어디에서 사나요?
Đi mua tem ở đâu?
디 무아 땜 어어 더우
Where can I buy stamps?

우체국이 어디인가요?
Bưu điện ở đâu?
브우 디엔 어어 더우
Where is the post office?

이걸 한국으로 보내고 싶어요.
Tôi muốn gửi cái này sang Hàn Quốc.
또이 무온 그이 까이 나이 쌍 한 꾸옥
I'd like to send this to Korea.

도착하려면 며칠이 걸리나요?
Mất mấy ngày thì đến?
멋 머이 응아이 티 댄
How long does it take to get there?

특급으로 보내 주세요.
Gửi chuyển phát nhanh.
그이 쭈이엔 팟 냐잉
Can you send it by express?

한국으로 보내려면 얼마인가요?
Mất bao nhiêu tiền để gửi sang Hàn Quốc.
멋 바오 니에우 띠엔 데에 그이 쌍 한 꾸옥
How much is the postage to Korea?

EMS로 보내면 23달러예요
Gửi theo EMS thì mất 23 đô.
그이 테오 이엠쓰 티 멋 하이므어이 바 도
Twenty three dollars for EMS.

참고 P.150

국제 택배

요금이 많이 들지만 전화 한 통으로 가지러 와 줍니다. 회사에 따라 익일 도착도 가능합니다. DHL이나 FedEX 등의 대형 택배 회사가 각 도시마다 있습니다.

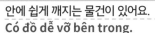
무사히
보냈습니다!

한국으로 소포를 보내고 싶어요.
Tôi muốn gửi hàng sang Hàn Quốc.
또이 무온 그으이 항 쌍 한 꾸옥
I'd like to send a package to Korea.

종이 박스랑 테이프 좀 얻을 수 있나요?
Tôi có thể xin thùng giấy và băng dính được không?
또이 꺼 테에 씬 퉁 지어이 바 방 징 드억 콤
Could I have a box and a tape?

이 표를 어떻게 작성하는지 안내해 주시겠어요?
Hướng dẫn cách viết phiếu gửi giúp tôi.
흐엉 저언 까익 비엣 피에우 그으이 지웁 또이
Could you tell me how to write an invoice?

안에 쉽게 깨지는 물건이 있어요.
Có đồ dễ vỡ bên trong.
꺼 도 제에 버어 벤 쫑
I have a fragile item.

주소 쓰는 방법

● 엽서나 편지의 경우

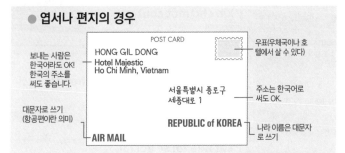

보내는 사람은 한국이라도 OK! 한국의 주소를 써도 좋습니다.

POST CARD
HONG GIL DONG
Hotel Majestic
Ho Chi Minh, Vietnam

서울특별시 종로구 세종대로 1

REPUBLIC of KOREA

대문자로 쓰기 (항공편이란 의미)
AIR MAIL

우표(우체국이나 호텔에서 살 수 있다)

주소는 한국어로 써도 OK.

나라 이름은 대문자로 쓰기

도움이 되는 단어장 WORD

엽서	bưu thiếp 브우 티엡	우표	tem 뗌	파손 물품 주의	chú ý đồ dễ vỡ 쭈 이 도 제에 버어
		봉투	phong bì 퐁비	운반 시 주의	chú ý khi vận chuyển 쭈 이 키 번 쭈옌
		문서	giấy tờ 져이 떠	소포	gửi nhỏ 그이 녀어

135

전화를 걸어 봅시다

전화 điện thoại
디엔 토와이

가고 싶은 곳에 확실하게 가기 위해 레스토랑 등을 사전 예약해 두는 것이 중요하죠.
긴급 상황에 전화를 쓸 수 있으면 편리하고 든든합니다. 전화 거는 방법을 마스터해 둡시다.

전화기를 찾아봅시다.
한국으로의 국제 전화는 호텔의 객실이나 카드식 공중전화, 휴대 전화에서 걸 수 있습니다.

전화를 걸어 봅시다.
※국제전화
○다이얼 직통 전화

•− 일반 전화
(예) 서울 02-1234-5678에 걸 때
호텔에서부터 걸 때,
호텔의 외선 번호
│   한국의 국가 번호
↓   ↓
●−001−82−3−1234−5678
↑   ↑
국제전화   지역 번호에서 첫
식별 번호   0을 빼고 누른다

•− 휴대전화
(예) 010-1234-5678로 걸 때
호텔에서부터 걸 때,
호텔의 외선번호
│   한국의 국가번호
↓   ↓
●−001−82−10−1234−5678
↑   ↑
국제전화   010에서 첫0을 빼
식별 번호   고 누른다.

○국제 전화 회사의 서비스를 이용하기
신용 카드나 전용 카드를 사용해 한국으로 국제 다이얼 통화를 이용할 수 있습니다.

※ 국내 전화
시외 통화든 시내 통화든 시외 국번을 먼저 누릅니다.

공중전화기가 어디에 있나요?
Điện thoại công cộng ở đâu?
디엔 토와이 꽁 꼼 어어 더우
Where is the pay phone?

여보세요, 마제스틱 호텔인가요?
Alô, có phải khách sạn Majestic không?
알로, 꺼 파이 칵 싼 마제스틱 콤
Hello, is this the Hotel Majestic?

1102호 이유진 씨 만날 수 있을까요?
Cho tôi gặp cô Lee Yujin ở phòng 1102.
쩌 또이 갑 꼬 이유진 어어 펌 못 못 레에 하이
May I speak to Ms. Lee Youjin in room 1102?
참고 P.150

잠시만 기다려 주세요.
Xin chờ một chút.
씬 쩌 못 쭛
Just a moment, please.

메시지를 남길 수 있을까요?
Chuyển lời giúp tôi được không?
쭈위엔 러이 지웁 또이 드억 콤
Can I leave a message?

잠시 후에 다시 전화 드릴게요.
Lát nữa tôi sẽ gọi lại.
랏 느아 또이 쎄에 거이 라이
I'll call again later.

김하나 씨가 전화했었다고 전해 주세요.
Xin nhắn lại là có điện thoại của Kim Hana.
씬 냔 라이 라 꺼 디엔 토와이 꾸아 김하나
Please tell her that Kim Hana called.

한국에서 베트남으로 국제전화를 거는 방법은?

001 + 84 + 상대방 번호 (시외전화의 경우 첫 0을 빼고 건다)

국제전화   베트남의
식별 번호   국가 번호

휴대 전화를 이용할 때

인터넷 회선을 사용해 통화가 가능한 인터넷 전화라면 전화 회선을 이용하는 것보다 저렴합니다(이용할 때는 신청 또는 다운로드가 필요합니다).

조금만 천천히 말씀해 주시겠어요?
Xin nói lại chậm tí được không?
씬 너이 라이 쩜 띠 드억 콤
Could you speak more slowly?

죄송합니다. 잘못 걸었어요.
Xin lỗi, tôi nhầm.
씬 로이 또이 념
I'm sorry. I have the wrong number.

전화기 좀 빌릴 수 있을까요?
Tôi muốn thuê điện thoại.
또이 무온 투에 디엔 토와이
I'd like to rent a cell phone.

전화 카드 하나 주세요.
Cho tôi một thẻ điện thoại.
쩌 또이 못 테에 디엔 토와이
A phone card, please.

한국으로 수신자 부담 전화를 걸고 싶어요.
Tôi muốn gọi điện thoại đến Hàn theo kiểu người nhận trả tiền.
또이 무온 거이 디엔 토와이 덴 한 테오 끼에우 응어이 년 짜아 띠엔
I'd like to make a collect call to Korea.

이 전화기로 전화 되나요?
Có thể gọi từ máy điện thoại này được không?
꺼 테에 거이 뜨 마이 디엔 토와이 나이 드억 콤
Can I make a call on this phone?

한국어를 할 수 있는 분이 계신가요?
Có ai nói tiếng Hàn được không?
꺼 아이 너이 띠엥 한 드억 콤
Is there anyone who speaks Korean?

무사히 통화를
끝냈습니다!

137

인터넷을 사용해 봅시다.

인터넷

mạng internet
망 인떠넷

현지에서 정보를 얻을 때는 물론이고, 통신 수단으로도
여행지에서 인터넷을 이용하는 것을 빠뜨릴 순 없죠!

인터넷을 이용하려면?

호텔의 객실이나 비즈니스 센터, 번화가의 PC방 등을 이용할 수 있습니다. 호텔에서는 고액의 이용료를 내야 하는 경우도 있으므로 이용 전에 확인해야 합니다.

이 호텔의 인터넷을 사용해도 되나요?
Có thể nối mạng internet tại khách sạn này được không?
꺼 테에 노이 망 인떠넷 따이 칵 싼 나이 드억 콤
Can I use the Internet in this hotel?

근처에 인터넷 카페가 있나요?
Gần đây có quán cà phê internet không?
건 더이 꺼 꾸안 까 페 인떠넷 콤
Is there an Internet cafe around here?

노트북을 사용해도 되나요?
Có thể nối mạng từ máy vi tính mang theo được không?
꺼 테에 노이 망 뜨 마이 비 띵 망 테오 드억 콤
Can I use my own PC?

1시간에 얼마예요?
Một tiếng đồng hồ bao nhiêu tiền?
못 띠엥 돔 호 바오 니에우 띠엔
How much is it for an hour?

참고 P.152

스마트폰은 전원을 켜는 것만으로도 자동으로 데이터를 전송하는 경우가 있어 모르는 사이에 고액의 요금을 내야 하는 경우가 있으므로 설정을 반드시 주의해서 해야 합니다.

한국어 지원이 되나요?
Có hiển thị bằng tiếng Hàn không?
꺼 히엔 티 방 띠엥 한 콤
Can this PC display Korean characters?

와이파이는 무료인가요?
Có Wifi miễn phí không?
꺼 와이파이 미엔 피 콤
Do you have a free WiFi service?

케이블 선 좀 빌릴 수 있을까요?
Xin cho tôi mượn dây cáp nối lan?
씬 쩌 또이 므언 저이 깝 노이 란
Do you have a LAN cable?

PC 사용 시 주의사항

PC방 등에 설치된 PC를 이용하는 경우
개인 정보(비밀번호 등)를 남기지 않도록
주의합니다.

기본회화

맛집

쇼핑

관광

엔터테인먼트

뷰티

호텔

교통수단

기본정보

단어장

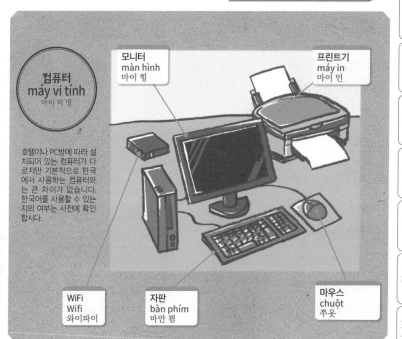

컴퓨터
máy vi tính
마이 비 띤

호텔이나 PC방에 따라 설
치되어 있는 컴퓨터가 다
르지만 기본적으로 한국
에서 사용하는 컴퓨터와
는 큰 차이가 없습니다.
한국어를 사용할 수 있는
지의 여부는 사전에 확인
합시다.

모니터
màn hình
마이 힝

프린트기
máy in
마이 인

WiFi
Wifi
와이파이

자판
bàn phím
바안 핌

마우스
chuột
쭈옷

문제 발생 시 바로 사용할 수 있는 표현

와이파이 연결이 안 돼요 . 봐 주시겠어요 ?
Không nối được LAN[Wifi]. Xem được không?
콤   노이 드억 란 [와이파이] 쌤   드억   콤

마우스가 잘 안 움직여요 .
Con chuột không chạy tốt.
껀   쭈옷   콤   짜이   뜻

기계가 다운됐어요 .
Máy bị treo rồi.
마이 비 쩨오 조이

139

긴급 상황·트러블에 대비하자.

만일의 경우 몸을 보호하기 위해서 알아 두면 좋은 표현들을 모았습니다.
위험한 사태를 피하기 위해서도 꼭 알아 둡시다.

도움을 요청할 때

도와주세요!
Cứu tôi với!
끄우 또이 버이
Help me!

그만하세요!
Dừng!
증
Stop it!

같이 가요!
Đi cùng tôi!
디 꿈 또이
Come with me!

들어 주세요!
Nghe!
응예
Listen!

경찰 불러요!
Gọi công an!
거이 꽁 안
Call a police!

도둑이다!
Cướp !
끄업
Thief!

저 남자 [여자] 잡아라!
Bắt thằng kia[con kia]!
밧 탕 끼아[껀 끼아]
Catch that man[woman]!

누구 없어요!
Có ai không!
꺼 아이 콤
Somebody!

돈 없어요.
Tôi không có mang theo tiền.
또이 콤 꺼 망 테오 띠엔
I don't have any money.

이게 다예요.
Như này là tất cả.
느 나이 라 땃 까아
That's all.

살려 주세요!
Đừng giết tôi!
등 지엣 또이
Don't kill me!

나가요!
Đi ra khỏi đây!
디 자 커이 데이
Get out!

의사를 불러 주세요!
Gọi bác sĩ giúp tôi!
거이 박 씨이 지웁 또이
Please call a doctor!

경고할 때

움직이지 마 !
Ở đây yên!
어어 데이 옌
Don't move!

그만해!
Dừng lại!
증 라이
Stop!

돈 내놔 !
Đưa tiền đây!
드아 띠엔 더이
Give me the money!

조용히 해!
Im lặng!
임 랑
Be quiet!

손 들어!
Đưa tay lên!
드아 따이 랜
Hands up!

피해!
Trốn đi!
쫀 디
Hide!

분실, 도난 시

여권을 잃어버렸어요 .
Tôi mất hộ chiếu.
또이 멋 호 찌에우
I lost my passport.

여기로 전화해 주세요 .
Xin gọi điện đến đây.
씬 거이 디엔 덴 더이
Call here.

가방을 도난당했어요 .
Tôi bị lấy mất túi xách rồi.
또이 비 레이 멋 뚜이 싸익 조이
I had my bag stolen.

한국어를 할 수 있는 분이 계신가요 ?
Có ai nói được tiếng Hàn không?
꺼 아이 너이 드억 띠엥 한 콤
Is there anyone speaks Korean?

한국 대사관이 어디인가요 ?
Đại sứ quán Hàn Quốc ở đâu?
다이 쓰 구완 한 꾸옥 어어 더우
Where is the Korean Embassy?

141

긴급 상황·트러블에 대비하자.

분실, 도난 시

경찰에 신고하고 싶어요.
Tôi muốn khai báo với công an.
또이 무온 카이 바오 버이 꽁 안
I'd like to report it to the police.

도난 확인서를 작성해 주세요.
Xin làm giấy chứng minh bị mất trộm.
씬 람 지어이 쯩 밍 비 멋 쫌
Could you make out a report of the theft?

제 짐을 찾을 수가 없어요.
Tôi không tìm thấy hành lý của tôi.
또이 콩 띰 터이 하잉 리 꾸아 또이
I can't find my baggage.

어디에서 잃어버렸는지 모르겠어요.
Không biết để quên ở đâu rồi.
콤 비엣 데에 꾸웬 어어 더우 조이
I'm not sure where I lost it.

저기 분실물 센터에 신고해 주세요.
Gửi khai báo tại chỗ quản lý đồ thất lạc đằng kia.
그이 카이 바오 따이쪼오 꾸완 리 도 텃 락 당 끼아
Please report to lost-and-found over there.

제 물건을 찾으면 호텔로 연락해 주세요.
Xin thông báo cho khách sạn khi tìm ra đồ của tôi.
씬 통 바오 쩌 카익 싼 키 띰 자 도오 꾸아 또이
Please call my hotel as soon as you find it.

어디에 신고해야 되나요 ?

Tôi gửi khai báo ở đau?
또이 그이 카이 바오 어 더우
Where should I report to?

가방을 택시에 두고 내렸어요 .

Tôi để quên túi xách trên xe taxi.
또이 데에 꾸웬 뚜이 싸익 짼 쎄 딱씨
I left my bag in the taxi.

여기에 카메라를 뒀는데 없어졌어요 .

Cái máy chụp ảnh để đây bị mất rồi.
까이 마이 쭙 아잉 데에 데이 비 멋 조이
I left my camera here and now it's gone.

도움이 되는 단어장 WORD	전화	điện thoại 디엔 토와이	한국 대사관	đại sứ quán Hàn Quốc 다이 쓰 꾸완 한 꾸옥
	돈	tiền 띠엔	여권	hộ chiếu 호 찌에우
경찰 cảnh sát 까잉 쌋	주소	địa chỉ 디아 찌이	소매치기	móc túi 먹 뚜이
구급차 xe cấp cứu 쎄 껍 끄우	여행자 수표	séc du lịch 쌕 주 릭	지키다	bảo vệ 바오 베
잃어버리다 mất 멋	신용 카드	thẻ tín dụng 테에 띤 줌	보험 회사	công ty bảo hiểm 꼼 띠 바오 히엠

memo

신용 카드를 잃어버렸을 때 연락처

항공사

호텔

해외 여행 보험

한국어가 가능한 의료 기관

memo

143

긴급 상황·트러블에 대비하자

아픈 기운, 부상

몸이 안 좋아요 .
Cảm thấy không khỏe.
까암 터이 콤 코에
I feel sick.

머리가 아파요 .
Nhức đầu.
늑 더우
I have a headache.

어지러워요 .
Chóng mặt.
쩡 맛
I feel dizzy.

속이 안 좋아요 .
Muốn ói.
무온 어이
I feel nauseous.

열이 나는 것 같아요 .
Hình như bị sốt.
힝 느 비 쏫
I think I have a fever.

배가 아파요 .
Đau bụng.
다우 붐
I have a stomachache.

의사 진단서를 받을 수 있나요 ?
Cho tôi giấy chứng nhận bác sĩ khám bệnh.
쩌 또이 지어이 쯩 년 빡 씨이 캄 뱅
Can I have a medical certificate?

손이 칼에 베었어요 .
Cắt đứt tay bằng dao.
깟 듯 따이 방 자오
I cut my finger with a knife.

이가 아파요 .
Đau răng.
다우 장
I have a toothache.

발목이 삐었어요 .
Bong gân cổ chân.
범 건 꼬오쩐
I sprained my ankle.

손이 골절된 것 같아요 .
Hình như bị gãy xương tay.
힝 느 비 가이 쓰엉 따이
I think my arm was broken.

손에 화상을 입었어요 .
Bị bỏng tay.
비 버엄 따이
I burned my hand.

저는 혈액형이 B형이에요 .
Tôi thuộc nhóm máu B.
또이 투옥 넘 마우 베
My blood type is B.

머리	đầu 더우	코	mũi 무이
관자놀이	thái dương 타이즈엉	이	răng 장
이마	trán 짠	턱	hàm 함
볼	má 마	목	cổ 꼬오
눈	mắt 맛	목구멍	cổ họng 꼬오 험
귀	tai 따이		

☐☐☐ 아파요.

Đau ☐☐☐
다우 ☐☐☐
☐☐☐ hurts.

발	chân 쩐
허벅지	đùi 두이
무릎	đầu gối 더우 고이
다리	ống chân 옴 쩐
종아리	bắp chân 밥 쩐
발목	cổ chân 꼬오 쩐
발끝	đầu ngón chân 더우 응언 쩐
뒤꿈치	gót chân 것 쩐

어깨	vai 바이
가슴	ngực 응윽
배	bụng 붕
팔	cánh tay 까잉 따이
팔꿈치	khuỷu tay 쿠이우 따이
손	bàn tay 반 따이
손목	cổ tay 꼬오 따이
손가락	ngón tay 응언 따이
손톱	móng 멈
등	lưng 릉
겨드랑이	nách 나익
피부	da 자
아랫배	bụng dưới 붐 즈어이
허리	eo 에오
배꼽	rốn 존
등허리	thắt lưng 탓 릉
엉덩이	mông 몸
생식기	vùng kín 붕 낀

도움이 되는 단어장 WORD

삐다	bong gân 범 건
수면 부족	thiếu ngủ 티에우 응우

설사	ia chảy 이아 짜이
감기	cảm 까암
골절	gãy xương 가이 쓰엉
시차 적응	mệt mỏi do chênh lệch giờ 맷 머이 저 찌엥 레익 져

치통	đau răng 다우 장
오한	cảm lạnh 까암 라잉
상처	vết đứt 벳 듯
약	thuốc 투옥

145

한국을 소개해 봅시다.

여행지에서 친해진 외국 사람들에게 그 나라 말로 한국을 소개해 봅시다.

| | 는 한국에서 매우 인기 있는 요리입니다.

Món | | này được mọi người yêu thích ở Hàn Quốc.
먼 | | 나이 드억 머이 응어이 예우 틱 어 한 꾸옥

 Point 여행지에서 현지인들이 한국에 대해 물어볼 수 있어요 그럴 땐 조금이라도 한국을 소개해 준다면 좋아할 거예요. 먼저 음식부터!

김밥 **kimbap** 낌밥 김밥은 밥 위에 각종 재료를 얹어서 김으로 말아서 먹는 음식입니다.

kimbap là một món ăn mà thêm các nguyên liệu vào cơm và cuộn với rong biển.
낌밥   라 못   먼   안 마 템   깍 응유옌 리에우 바오 껌 바 꾸온 버이 좀   비엔

불고기 **bulgogi** 불고기 간장과 설탕으로 만든 소스에 소고기와 각종 야채를 볶아서 만든 음식입니다.

bulgogi là một món ăn mà xào thịt bò với sốt nước tương, đường và các rau.
불고기 라 못   먼   안 마 싸오 팃   버 버이 쏫 느억 뜨엉   드엉   바 깍 자우

비빔밥 **bibimbap** 비빔밥 밥 위에 다양한 재료를 올리고 고추장 소스와 함께 비벼 먹는, 색이 다채로운 음식입니다.

bibimbab là một món ăn muôn màu có cơm trộn với đa dạng nguyên liệu và tương ớt Hàn Quốc.
비빔밥 라 못 먼 안 무온 마우 꺼 껌 쫀 버이 다 장 응유옌 리에우 바 뜨엉 엇 한 꾸옥

김치 **kimchi** 김찌 채소를 소금에 절인 뒤 여러 가지 양념에 버무린 한국의 가장 대표적인 음식입니다.

kimchi là một món ăn tiêu biểu nhất ở Hàn Quốc mà rau ướp muối với dùng nước sốt nhiều.
김찌   라 못   먼   안 띠에우 비에우 녓 어 한 꾸옥 마 자우 으업 무오이 버이 줌 느억 쏫 니에우

삼계탕 **gà hầm sâm** 가 험 썸 닭과 인삼을 함께 오래 끓여서 먹는 한국 전통 음식입니다.

gà hầm sâm là một món ăn truyền thống Hàn quốc mà gà được hầm với sâm lâu.
가 험 썸 라 못 먼 안 쮜위엔 통   한 꾸옥 마 가 드억 험 버이 썸 러우

146

는 한국에서 매우 인기 있는 관광지입니다.

Địa điểm tham quan ___ **là một nơi rất được mọi người yêu thích của Hàn Quốc.**

디아 디엠 탐 꾸완 ___ 라 못 너이 젓 드억 머이 응어이 예우 틱 꾸어 한 꾸옥

> **Point**
> 한국의 지명과 관광지는 대부분 한국어 발음 그대로 알려 줘도 괜찮기 때문에 소개하기 편합니다. 소개할 그곳이 어떤 곳인지를 먼저 알아두어야겠죠?

명동 myengdong 명동 명동은 서울의 대표적인 쇼핑 거리로, 다양한 상점들이 있습니다.

myeongdong **là một đường mua sắm tiêu biểu của Seoul, có nhiều tiệm bán hàng đa dạng.**

명동 라 못 드엉 무아 쌈 띠에우 비에우 꾸아 써울 꺼 니에우 띠엠 반 항 다 장

한강 공원 công viên sông Han 꽁 비엔 쏭 한 한강은 서울에 있는 큰 강으로, 공원에서 다양한 체험을 할 수 있습니다.

sông Han **là sông lớn của Seoul, chúng ta có thể trải nghiệm nhiều điều ở công viên.**

쏭 한 라 쏭 런 꾸아 써울 쭝 따 꺼 테에 짜이 니엠 니에우 디에우 어 꽁 비엔

인사동 insadong 인싸동 서울에서 가장 한국적인 모습을 가지고 있는 곳입니다.

nơi có đậm chất Hàn Quốc nhất ở Seoul.

너이 꺼 덤 쩟 한 꾸옥 녓 어 써울

제주도 đạo jeju 다오 제주 한국에서 가장 큰 섬으로, 다양한 문화 활동을 할 수 있습니다.

đạo **lớn nhất ở Hàn Quốc, chúng ta có thể thử nhiều hoạt động văn hóa.**

다오 런 녓 어 한 꾸옥 쭝 따 꺼 테에 트으 니에우 호왓 돔 반 화

부산 Busan 부싼 한국에서 두 번째로 큰 도시로, 바다를 즐길 수 있습니다.

thành phố lớn thứ hai ở Hàn Quốc, có biển.

타잉 포 런 트 하이 어 한 꾸옥 꺼 비엔

147

한국을 소개해 봅시다.

□□□ 는 한국의 전통 문화입니다.

□□□ là văn hóa truyền thống Hàn Quốc.
⋯⋯⋯ 라 반 화 쭈이옌 통 한 꾸옥

Point 전통문화를 소개하는 것은 조금 어려울 수도 있지만 제스처로 설명해 주면서 상대방에게 알려 준다면 더 좋아하겠죠.

한복 Hanbok 한복 한국의 전통적인 의상으로 남자는 저고리와 바지, 여자는 저고리와 치마를 입습니다.

Hanbok là y phúc truyền thống Hàn Quốc, nam giới mặc Jeogori và quần phụ nữ thì mặc Jeogori và váy.
한복 라이푹 쭈이옌 통 한 꾸옥 남 져이 막 저고리 바 꾸원 푸느으 티 막 저고리 바 바이

사물놀이 Samulnori 싸물노리 북, 장구, 징, 꽹과리로 하는 전통 음악 놀이입니다.

Samulnori là trò chơi âm nhạc truyền thống Hàn Quốc có cái trống, janggu,
싸물노리 라 쩌 쩌이 엄 냑 쭈이옌 통 한 꾸옥 꺼 까이 쫑 장구
chiêng và kkwaenggwari.
찌엥 바 꽹과리

판소리 Pansori 판소리 노래와 이야기로 이루어진 한국의 민속 음악입니다.

Pansori là âm nhạc dân gian Hàn Quốc được cấu thành bài hát và câu chuyện.
판소리 라 엄 냑 전 지안 한 꾸옥 드억 꺼우 타잉 바이 핫 바 꺼우 쭈이옌

태권도 Taekwondo 태권도 손과 발을 이용한 한국의 전통 무예입니다.

Taekwondo là võ nghệ truyền thống Hàn Quốc dùng tay và chân.
태권도 라 버어응에 쭈이옌 통 한 꾸옥 줌 따이바 쩐

한글 Hangeul 한글 한국을 대표하는 문자입니다.

Hangeul là chữ tiêu biểu Hàn Quốc.
한글 라 쯔으 띠에우 비에우 한 꾸옥

148

한국의 인구는 5200만 정도입니다[2020년 기준].

Dân số Hàn Quốc là khoảng 52 triệu [tiêu chuẩn năm 2020]
전 쏘 한 꾸옥 라 코왕 남므어이 하이 찌에우 [띠에우 쭈원 남 하이 응인 콩 짬 하이 므어이]
The population of Korea is about 52 million.

참고 P.151

한국의 수도는 서울입니다.

Thủ đô Hàn Quốc là Seoul.
투우 도 한 꾸옥 라 써울
The capital of Korea is Seoul.

여름이 되면, 한국에는 비가 많이 내립니다.

Vào mùa hè trời mưa nhiều ở Seoul.
바오 무아 해, 쩌이 므아 니에우 어 써울
During the summer time, it rains a lot in Korea.

참고 P.151

남산 서울 타워는 한국의 관광 명소입니다.

Tòa tháp N Seoul là một nơi tham quan nổi tiếng ở Hàn Quốc.
또아 탑 엔 써울 라 못 너이 탐 꾸완 노이 띠엥 어 한 꾸옥
Namsan Seoul Tower is a tourist attraction in Korea.

BTS는 한국의 유명한 아이돌 그룹입니다.

BTS là idol Hàn Quốc nổi tiếng.
비띠에쓰 라 아이돌 한 꾸옥 노이 띠엥
BTS is a famous Korean Idol group.

한글은 세종대왕이 만든 한국 고유의 글자입니다.

Hangeul là chữ đặc trưng của Hàn Quốc được Vùa Sejong sáng tạo.
한글 라 쯔으 닥 쯩 꾸아 한 꾸옥 드억 부아 세종 쌍 따오
Hangeul is an intrinsic Korean writing system created by King Sejong

---

서울은 산이 많아서 등산을 즐길 수 있습니다.

Vì ở Seoul có nhiều núi nên chúng ta có thể lên núi.
비 어 서울 꺼 니에우 누이 낸 쭝 따 꺼 테 랜 누이
Seoul is surrounded by a mountainous landscape that allows hiking experience.

한국은 전 세계에서 유일한 분단 국가입니다.

Hàn Quốc là Quốc gia bị chia cắt duy nhất trên thế giới.
한 꾸옥 라 꾸옥 쟈 비 찌아 깟 주이 녓 쩬 테 져이
Korea is the only divided country in the world.

김치는 발효 식품으로, 다양한 종류가 있습니다.

Kimchi là thực phẩm lên men có nhiều loại.
김치 라 특 퍼엄 랜 맨 꺼 니에우 로와이
Kimchi is a fermented food, and there are numerous kinds.

대중교통 환승을 무료로 이용할 수 있습니다.

Chúng ta có thể đổi tuyến phương tiện giao thông công cộng miễn phí.
쭝 따 꺼 테에 도이 뚜이옌 프엉 띠엔 지아오 톰 꼼 꼼 미엔 피
Transferring Public transportation is free.

한국은 어디에서나 인터넷을 이용할 수 있습니다.

Ở Hàn Quốc, nơi nào cũng có internet chúng ta có thể sử dụng.
어 한 꾸옥 너이 나오 꾸움 꺼 인터넷 쭝 따 꺼 테 쓰으 쥼
Internet access is possible anywhere in Korea.

한국에서는 늦은 시간까지 음식점이 열려 있습니다.

Nhà hàng Hàn Quốc đóng cửa muộn.
냐 항 한 꾸옥 덤 끄아 무온
In Korea, the restaurants are open late at night.

참고 P.151

기본 단어를 자유자재로 써 봅시다.

숫자, 월, 요일이나 시간 등 어떤 상황에도 필요한 기본적인 단어는
사전에 알아 두면 여행지에서 아주 편리합니다.

숫자

0	1	2	3	4
không	một	hai	ba	bốn
콤	못	하이	바	본
5	6	7	8	9
năm	sáu	bảy	tám	chín
남	싸우	바이	땀	찐
10	11	12	13	14
mười	mười một	mười hai	mười ba	mười bốn
므어이	므어이 못	므어이 하이	므어이 바	므어이 본
15	16	17	18	19
mười lăm	mười sáu	mười bảy	mười tám	mười chín
므어이 람	므어이 싸우	므어이 바이	므어이 땀	므어이 찐
20	21	22	30	40
hai mươi	hai mươi mốt	hai mươi hai	ba mươi	bốn mươi
하이 므어이	하이 므어이 못	하이 므어이 하이	바 므어이	본 므어이
50	60	70	77	80
năm mươi	sáu mươi	bảy mươi	bảy mươi bảy	tám mươi
남 므어이	싸우 므어이	바이 므어이	바이 므어이 바이	땀 므어이
88	90	100	1000	10000
tám mươi tám	chín mươi	một trăm	một nghìn	mười nghìn
땀 므어이 땀	찐 므어이	못 짬	못 응인	므어이 응인

10만	100만	2배	3배	
một trăm nghìn	một triệu	gấp hai lần	gấp ba lần	
못 짬 응인	못 찌에우	겁 하이 런	겁 바 런	자꾸 사용해서 외워 둡시다!

1번째	2번째		3번째
cái thứ nhất	cái thứ hai		cái thứ ba
까이 트 녓	까이 트 하이		까이 트 바

베트남어 숫자의 기본

◆ 한국어와 마찬가지로 11~19는 '10과 1', '10과 2' 처럼 읽고 20~90은 '2와 10', '3과 10' 구성으로 읽습니다.
◆ 20 ~ 90의 '10' 은 「mười」 → 「mươi」로 성조가 바뀝니다.
◆ 2자리 끝에 오는 '5' 는 「năm 남」 이 아니라 「lăm 람」 이 됩니다.

월, 계절

1월	2월	3월	4월
tháng giêng	tháng hai	tháng ba	tháng bốn
탕 지엥	탕 하이	탕 바	탕 본

5월	6월	7월	8월
tháng năm	tháng sáu	tháng bảy	tháng tám
탕 남	탕 싸우	탕 바이	탕 땀

9월	10월	11월	12월
tháng chín	tháng mười	tháng mười một	tháng mười hai
탕 찐	탕 드어이	탕 드어이 못	탕 드어이 하이

우기	건기	봄	여름	가을	겨울
mùa mưa	mùa kho	mùa xuân	mùa hè	mùa thu	mùa đông
무아 므아	무아 코	무아 쑤원	무아 헤	무아 투	무아 돔

한국에 2월 9일에 돌아갈 거예요.

Tôi sẽ về Hàn Quốc vào ngày chín tháng hai.
또이 쎄 베 한 꾸옥 바오 응아이 찐 탕 하이
I'm going back to Korea on February 9th.

요일

일	월	화	수	목	금	토
chủ nhật	thứ hai	thứ ba	thứ tư	thứ năm	thứ sáu	thứ bảy
쭈우 녓	트 하이	트 바	트 프	트 남	트 싸우	트 바이

평일	휴일	공휴일
ngày thường	ngày nghỉ	ngày lễ
응아이 트엉	응아이 응이	응아이 레에

오늘[내일/어제]이 무슨 요일이에요?

Hôm nay[Ngày mai/Hôm qua] là thứ mấy?
홈 나이[응아이 마이 / 홈 꾸아] 라 트 머이
What day is today [is tomorrow/was yesterday]?

오늘[내일/어제]은 월요일이에요.

Hôm nay[Ngày mai/Hôm qua] là thứ hai.
홈 나이[응아이 마이 / 홈 꾸아] 라 트 하이
Today is [Tomorrow is /Yesterday was] Monday.

기본 단어를 자유자재로 써 봅시다.

때

아침	점심	저녁	밤	오전
buổi sáng	**buổi trưa**	**buổi chiều**	**buổi tối**	**buổi sáng**
부오이 쌍	부오이 쯔아	부오이 찌에우	부오이 또이	부오이 쌍
오후	어제	오늘	내일	모레
buổi chiều	**hôm qua**	**hôm nay**	**ngày mai**	**ngày kia**
부오이 찌에우	홈꾸아	홈나이	응아이 마이	응아이 끼아

1일 전	2일 후	사흘	1시간
một ngày trước	**hai ngày sau**	**ngày thứ ba**	**một tiếng đồng hồ**
못 응아이 쯔억	하이 응아이 싸우	응아이 트 바	못 띠엥 돔 호

시간

시	분	30분	오전[오후]
giờ	**phút**	**giờ rưỡi**	**sáng[chiều]**
져	풋	져 즈어이	쌍[찌에우]

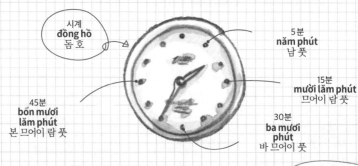

시계
đồng hồ
돔 호

5분
năm phút
남 풋

15분
mười lăm phút
므어이 람 풋

45분
bốn mươi lăm phút
본 므어이 람 풋

30분
ba mươi phút
바 므어이 풋

지금 몇 시예요?	**Bây giờ là mấy giờ?** 버이 져 라 메이 져 What time is it now?
몇 시에 시작해요?	**Bắt đầu từ mấy giờ?** 밧 더우 뜨 메이 져 What time does it start?

30분간은
thời gian ba mươi phú
터이 쟌 바 므어이 풋

152

8시 20분	**tám giờ hai mươi phút** 땀 져 하이 므어이 풋 eight twenty	어제 11시	**mười một giờ hôm qua** 므어이 못 져 홈 꾸아 yesterday at eleven
9시반	**chín giờ rưỡi** 찐 져 즈어이 nine thirty	9시 55분	**mười giờ kém năm** 므어이 져 깸 남 five to ten
오전 11시	**mười một giờ sáng** 므어이 못 져 썅 eleven a.m.	15분 후	**sau mười lăm phút** 싸우 므어이 람 풋 fifteen minutes later

측량 단위의 차이

○길이

미터	인치	피트	야드	마일
1	39.37	3.28	1.094	0.00062
0.025	1	0.083	0.028	0.0000158
0.305	12	1	0.333	0.000189
0.914	36	3	1	0.00057
1609.3	63360	5280	1760	1

○무게

그램	킬로그램	온스	파운드
1	0.001	0.035	0.002
1000	1	35.274	2.205
28.3495	0.028	1	0.0625
453.59	0.453	16	1

○부피

cc	리터	쿼터	갤런
1	0.001	0.0011	0.00026
1000	1	1.056	0.264
946.36	0.946	1	0.25
3785.4	3.785	4	1

○속도

킬로	마일	노트	킬로	마일	노트
10	6.2	5.4	60	37.3	32.4
20	12.4	10.8	70	43.5	37.8
30	18.6	16.2	80	49.7	43.2
40	24.9	21.6	90	55.9	48.6
50	31.1	27.0	100	62.1	54.0

쓱싹 베트남어 강좌

Lesson 문법

베트남어는 알파벳을 응용해서 만든 베트남 문자를 사용하고 어형 변화나 시제의 변화가 없기 때문에 한국인이 비교적 배우기 쉬운 언어입니다. 발음이나 듣기가 좀처럼 익숙해지지 않지만 실제 관광 여행에서는 어려운 문법을 사용해 커뮤니케이션을 할 필요는 없습니다. 딱딱한 표현이라도 좋으니, 상대방에게 자신의 의사를 전달하려고 하는 마음과 약간의 배짱으로 도전해 봅시다.

1. 성조에 대해

베트남어에는 6종류의 성조(음의 높낮이나 억양)가 있습니다.

- ●제1성조(a) ··· 보통의 음의 높이에서 평탄하게 발음한다.
- ●제2성조(à) ··· 낮은 음에서 약간 내려가는 느낌으로 발음한다.
- ●제3성조(á) ··· 빠르고 날카롭게 올라간다.
- ●제4성조(ả) ··· 천천히 내려가 원래의 높이로 돌아간다.
- ●제5성조(ã) ··· 성대를 긴장하게 해 조금 상승시켜 후두를 닫은 후 급하게 상승시킨다.
- ●제6성조(ạ) ··· 급하게 하강해 후두를 닫은 채로 끝낸다.

2. 먼저 편리한 '의문문'입니다.

누군가에게 무엇인가를 부탁하고 싶을 때 편리하게 사용할 수 있는 의문사를 알아둡시다.

무엇	**cái gì** 까이 지	예	이것은 무엇입니까? **Cái này là cái gì?** 까이 나이 라 까이 지
누구	**ai** 아이	예	저 여자는 누구입니까? **Người con gái đó là ai vậy?** 응어이 껀 가이 더 라 아이 버이
왜	**tại sao** 따이 싸오	예	그는 왜 못 옵니까? **Tại sao anh ta không đến được vậy?** 따이 싸오 아잉 따 콤 덴 드억 버이
어디에	**ở đâu** 어어 더우	예	화장실이 어디입니까? **Nhà vệ sinh ở đâu?** 냐 베 씽 어어 더우
어떻게	**thế nào** 테 나오	예	어떻게 드셨습니까? **Ăn như thế nào?** 안 느 테 나오
언제	**khi nào** 키 나오	예	당신은 언제 도착합니까? **Cô ta khi nào đến?** 꼬 따 키 나오 덴

3. 3가지 기본 문장을 외워 둡시다.

긍정문, 의문문, 부정문의 기본 문장을 마스터하면 기본적인 회화 표현을 할 수 있습니다.

1. ~입니다

'~입니다'라고 말하고 싶을 때(긍정문)

영어의 be동사와 닮은 là (라)를 사용합니다.

예 **Tôi là người Hàn.** (저는 한국인이에요)
또이 라 응어이 한

Anh ta là học sinh. (그는 학생이에요.)
아잉 따 라 홉 씽

2. ~합니다

'~합니다'라고 말하고 싶을 때

영어와 마찬가지로 주어(나, 당신 등) + 동사 (~합니다) + 목적어 (~을)의 어순이 기본입니다.

예 **Tôi đi.** (나는 가.)
또이 디

Tôi uống trà. (나는 차를 마셔.)
또이 우옹 짜

3. ~(형용사)입니다

'~ (형용사)입니다'라고 말하고 싶을 때

영어처럼 be동사는 필요 없습니다. '이' (này 나이)와 같은 수식어는 명사의 뒤에 옵니다.

예 **Khách sạn này đắt.** (이 호텔은 비싸요.)
카익 싼 나이 닷

Cô ta rất đẹp. (그녀는 너무 예뻐요.)
꼬 따 젓 뎁

4. 문장을 배열해 말하기에 도전해 봅시다.

전하고 싶은 내용의 뉘앙스를 표현하거나, 의미를 추가하거나, 회화에 악센트를 넣어 봅시다.

Tôi ~ được không?
또이 드억 콤

저 ~ 해도 될까요 ?

예 **Tôi ngồi đây được không?** (저 여기 앉아도 될까요?)
또이 응오이 데이 드억 콤

Tôi muốn ~ .
또이 무온

저 ~ 하고싶어요 .

예 **Tôi muốn cái này.** (전 이걸 원해요.)
또이 무온 까이 나이

원포인트 인칭대명사를 나누어 사용해 봅시다.

베트남어는 '당신'이라고 말하는 2인칭을 다음과 같이 나누어 사용합니다.

동년배의 남성	anh (아잉)	연상의 남성	ông (옹)	연하의 남녀	em (앰)
동년배의 여성	chị (찌)	연상의 여성	bà (바)	어린아이	cháu (짜우)

또 '나' 라는 의미의 1인칭 단수는 통상 **tôi** (또이) 로 말합니다. '우리' 라는 의미의 2인칭 복수는 상대방을 포함하지 않는 경우에는 **chúng tôi** (쭝 또이), 상대방을 포함하는 경우에는 **chúng ta** (쭝 따)로 나누어 사용합니다.

단어장

Korean ──→ Vietnamese

	ㄱ						
가게	cửa hàng 끄아 항	가벼운	nhẹ 녜	가족	gia đình 쟈 딩
가격	giá cả 쟈 까아	가솔린	xăng 쌍	가죽	da lộn 자 론
가격	giá tiền 쟈 띠엔	가솔린 차	xăng thường 쌍 트엉	가죽 상품	sản phẩm thuộc da 싸안 퍼엄 투옥 자
가격표	bảng giá 바앙 쟈	가수	ca sĩ 까 씨이	가죽 재킷	áo khoác bằng da 아오 코악 방 자
가공 육류 (소세지 등)	thịt nguội 팃 응우오이	가위	cái kéo 까이 께오	가짜	đồ giả 도 지아
가구	dụng cụ 줌 꾸	가위	kéo 께오	가치 있는	có gía 꺼 쟈
가까운	gần 건	가을	mùa thu 무아 투	각주	ghi chú 기 쭈
가능성	khả năng 카아 낭	가이드가 있는 크루즈 여행	tua du lịch có hướng dẫn viên 따우 주 릭 꺼 흐엉 저언 비엔	간단한	đơn giản 던 지안
가다	đi đến 디 덴	가장 새로운	mới nhất 머이 녓	간단한	giản dị 지안 지
~가 떨어지다	hết nhiên liệu 헷 니엔 리에우	가장 앞 좌석	hàng ghế trước hết 항 게 쯔억 헷	간식	ăn nhẹ 안 녜
가려운	ngứa 응으아	가장 작은	nhỏ nhất 녀어 녓	간식 차	xe bán đồ ăn 쎄 반 도 안
가로	bề ngang 베 응앙	가장 큰	lớn nhất 런 녓	간판	bảng hiệu 바앙 히에우
가루	bột 봇	가정부, 집사	người giúp việc 응어이 지웁 비엑	간호사	y tá 이 따
가면	mặt nạ 맛 나	가져오다	đem đến 뎀 덴	감기약	thuốc cảm 투옥 까암
				감기에 걸리다	cảm 까암

감독	nhân viên quản lý 냔 비엔 꾸완 리	거울	gương soi 그엉 써이	결혼하다	kết hôn 껫 혼
감사합니다	cám ơn 깜 언	거절하다	từ chối 뜨 쪼이	경마장	trường đua 쯔엉 두아
감자	khoai tây 코와이 떠이	거주자	người cư trú 응어이 끄 쭈	경보	cảnh báo 까잉 바오
강	sông 쏨	건강	sức khỏe 쓱 커에	경비	kinh phí 낑 피
강의	bài giảng 바이 지앙	건강한	có sức khỏe 꺼 쓱 커에	경비원	nhân viên bảo vệ 년 비엔 바아 베
강제하다	cưỡng bức 끄엉 븍	건물	tòa nhà 또아 냐	경영	kinh doanh tư 낑 조와잉 뜨
강한	mạnh mẽ 마잉 메에	건물 지도	bản đồ trong tòa nhà 바안 도 쫑 또아 냐	경쟁하다	tranh đua 짜잉 두아
같은	giống 지옹	건배하다	cụng ly 꿈 리	경제	kinh tế 낑 떼
개	chó 쩌	건설하다	xây dựng 써이 증	경찰	cảnh sát 까잉 쌋
개구리	(con) éch (껀) 에익	건성 피부	da khô 자 코	경찰관	cảnh sát viên 까잉 쌋 비엔
개성	cá tính 까 띵	건전지	cục pin 꾹 삔	경찰서	sở cảnh sát 써어 까잉 쌋
개인방	phòng riêng 펌 지엥	건조한	khô 코	경치	cảnh sắc 까잉 싹
개인용	dùng cho cá nhân 줌 쩌 까 년	건축가	kiến trúc sư 끼엔 쭉 쓰	계란프라이	trứng chiên (chiên nhão) 쯩 찌엔 (찌엔 냐어)
개찰구	cửa soát vé 끄아 쏘앗 베	걷다	đi bộ 디 보		
객실	phòng nghỉ 펌 응이	검역하다	kiểm dịch 끼엠 직	계란프라이	trứng ốp la 쯩 옵 라
거리	cự ly 끄 리	검은색	màu đen 마우 덴	계산기	máy tính 마이 띵
거리	đường phố 드엉 포	게시판	bảng yết thị 바앙 이엣 티	계산서	giấy tính tiền 지어이 띵 띠엔
거북이	con rùa 껀 주아	겨울	mùa đông 무아 돔	계산하다	tính tiền 띵 띠엔
거스름돈	tiền thố 띠엔 토이	결정하다	quyết định 꾸이엣 딩	계산하다	tính toán 띵 또안

계속되는	tiếp theo 띠엡 테오	고양이	con mèo 껀 메오	공부하다	học 헙
계속하다	tiếp tục 띠엡 뚝	고원, 대지	cao nguyên 까오 응우옌	공사 현장	công trường 꽁 쯔엉
계약	hợp đồng 헙 돔	고전	cổ điển 꼬오 디엔	공식 환전	đổi tiền chính thức 도이 띠엔 찡 특
계약금	tiền đặt cọc 띠엔 닷 껵	고추	ớt 엇	공연 중인	đang công diễn 당 꽁 지엔
계약서	tờ hợp đồng 떠 헙 돔	고층 빌딩	tòa nhà cao tầng 또아 냐 까오 떵	공연하다	công diễn 꽁 지엔
계절	mùa 무아	고향	quê hương 꾸에 흐엉	공원	công viên 꽁 비엔
계좌	tài khoản 따이 코완	고향 음식	món ăn thôn quê 먼 안 톤 꾸에	공작	con công 껀 꼼
계좌 번호	số tài khoản 쏘 따이 코완	고향(~의)	nơi sinh ra (của …) 너이 씽 자 (꾸아)	공장	nhà máy 냐 마이
계획	dự định 즈 딩	고혈압	cao huyết áp 까오 후이엣 압	공중목욕탕	phòng tắm hương sen công cộng 펌 땀 흐엉 쎈 꼼 꼼
계획	kế hoạch 께 호아익	곧은	thẳng 타앙		
고급	cao cấp 까오 껍	골동품	đồ cổ 도 꼬오	공중 샤워실	nhà tắm công cộng 냐 땀 꼼 꼼
고등학생	học sinh cấp 3 헙 씽 껍 바	골동품 숍	tiệm đồ cổ 띠엠 도 꼬오	공중전화	điện thoại công cộng 디엔 토와이 꼼 꼼
고래	ca voi 까 버이	골절	gãy xương 가이 쓰엉	공중 화장실	nhà vệ sinh công cộng 냐 베 씽 꼼 꼼
고르다	chọn 쩐	골프	chơi gôn 쩌이 곤	공포감을 주다	khủng bố 쿰 보
고모, 이모	cô 꼬	골프공	banh đánh gôn 바잉 다잉 곤	공항	sân bay 썬 바이
고무	cao su 까오 쑤	골프장	sân gôn 썬 곤	공항세	thuế sân bay 투에 썬 바이
고무줄	dây thun 저이 툰	공공 비용	phí công cộng 피 꼼 꼼	곶	mũi đất 무이 덧
고속 도로	đường cao tốc 드엉 까오 똑	공공의	công cộng 꼼 꼼	과격한	quá khích 꾸아 키익
고수(향채)	rau thơm 자우 텀	공기	không khí 콤 키	과로	làm việc quá nhiều 람 비엑 꾸아 니에우

158

과세하다	đánh thuế 다잉 퉤	교육	giáo dục 지아오 죽	구역	khu vực 쿠 븍
과일	trái cây 짜이 꺼이	교직원	giáo viên 지아오 비엔	구조하다	cứu giúp 끄우 지웁
과자	bánh kẹo 바잉 께오	교통 체증	kẹt xe 껫 쎄	국가	quốc ca 꾸옥 까
과자	bánh snack 바잉 스낵	교통로	tuyến đường 뚜이엔 드엉	국가	quốc gi 꾸옥 쟈
과학	khoa học 콰 헙	교통비	phí giao thông 피 지아오 톰	국경	biên giới 비엔 져이
관광버스	xe buýt du lịch 쎄 뷧 주 릭	교통사고	tai nạn giao thông 따이 난 지아오 통	국내선	tuyến nội địa 뚜이엔 노이 디아
관광 여행	tham quan du lịch 탐 꾸완 주 릭	교향악단	dàn nhạc giao hưởng 잔 냑 지아오 흐엉	국내의	của trong nước 꾸아 쫑 느억
관광하다	tham quan 탐 꾸완			국립 공원	công viên quốc lập 꽁 비엔 꾸옥 럽
관내 전화기	điện thoại trong tòa nhà 디엔 토와이 쫑 또아 냐	교환하다	trao đổi 짜오 도이	국립의	quốc lập 꾸옥 럽
		교회	nhà thờ 냐 터	국산 맥주	bia nội địa 비아 노이 디아
관리자	nhân viên quản lý 년 비엔 꾸완 리	구급차	xe cấp cứu 쎄 깝 끄우	국적	quốc tịch 꾸옥 띡
관리하다	quản lý 꾸완 리	구두끈	dây giày 저이 지아이	국제	quốc tế 꾸옥 떼
광고지	tờ quảng cáo 떠 꾸왕 까오	구둣방	tiệm giày 띠엠 지아이	국제 면허증	bằng lái quốc tế 방 라이 꾸옥 떼
광고하다	quảng cáo 꾸왕 까오	구름	mây 머이	국제선	tuyến nước ngoài 뚜이엔 느억 응오아이
광장	quảng trường 꾸왕 쯔엉	구름 낀	trời mây 쩌이 머이		
괜찮다	không sao 콤 싸오	구매하다	mua sắm 무아	국제 전화	điện thoại quốc tế 디엔 토와이 꾸옥 떼
교과서	sách giáo khoa 싸익 지아오 콰	구멍	(cái) lỗ (까이) 로오	국회 의사당	tòa nhà quốc hội 또아 냐 꾸옥 호이
교사	giáo sư 지아오 쓰	구명조끼	áo phao cấp cứu 아오 파오 껍 끄우	굴뚝	ống khói 옴 커이
교실	phòng học 펌 헙	구석 자리	ghế trong góc 게 쫑 곡	굽다	nướng 느엉

궁전	cung điện 꿈 디엔	그물	lưới 르어이	기계	máy móc 마이 먹
궁전	điện 디엔	그제	hôm kia 홈 끼아	기계	máy 마이
권투	quyền anh 꾸위엔 아잉	극 음악	ca nhạc kịch 까 냑 끽	기관지염	viêm cuống phổi 비엠 꾸옹 포이
궤짝	thùng các tông 툼 깍	극장	kịch trường 끽 쯔엉	기내 반입 가능 손가방	hành lý xách tay mang lên máy bay 하잉 리 싸익 따이 망 랜 마이 바이
귀걸이	bông tai 봄 따이	근거리	đường gần 드엉 건		
귀금속	kim loại quý 낌 로와이 꾸이	근거리를 가다	đi đường gần 디 드엉 건	기내식	phần ăn trên máy bay 펀 안 쩬 마이 바이
귀여운	dễ thương 제에 트엉	근교	ngoại ô 응오아이 오	기념비	bia kỷ niệm 비아 끼이 니엠
귀중품	đồ vật quí giá 도 벗 꾸이 쟈	근육	bắp thịt 밥 텃	기념우표	tem kỷ niệm 땜 끼이 니엠
귀중품 보관함	hộp giữ đồ quý giá 홉 지으 도 꾸이 쟈	근처에 있는	có gần đó 꺼 건 더	기념일	ngày kỷ niệm 응아이 끼이 니엠
귀찮은	phiền phức 피엔 픅	글자	chữ viết 쯔으 비엣	기념품	quà kỷ niệm 꾸아 끼이 니엠
귀한	quý báu 꾸이 바우	금고	két sắt 껫 삿	기념품	quà lưu niệm 꾸아 르우 니엠
규칙	quy tắc 꾸위 딱	금속 가구 상점	tiệm bán dụng cụ bằng kim loại 띠엠 반 줌 꾸 방 낌 로와이	기념품 가게	tiệm bán quà lưu niệm 띠엠 반 꾸아 르우 니엠
그 방향	phía đó 피아 더				
그것	cái gì đó 까이 지 더	금연	cấm hút thuốc 껌 훗 투옥	기념하다	kỷ niệm 끼이 니엠
그램	gram 그람	금연 좌석	ghế cấm hút thuốc 게 껌 훗 투옥	기다리다	chờ 쩌
그리다	vẽ 베에	금연 차량	xe cấm hút thuốc 쎄 껌 훗 투옥	기록	kỷ lục 끼이 룩
그림	tranh 짜잉	금으로 된	(bằng) vàng (방)방	기름	dầu 저우
그림 전시룸	phòng trưng bày tranh 펌 쯩 바이 짜잉	금지하다	cấm 껌	기밀문서	giấy chứng bị mất cắp 지어이 쫑 비 멋 깝
		급행선 가격	phí tàu nhanh 피 따우 냐잉		

기사	kỹ sư 끼이 쓰	긴 소매	tay dài 따이 자이	꽃병	bình hoa 빙 화
기술	kỹ thuật 끼이 투	긴 의자	ghế dài 계 자이	꽃집	tiệm bán hoa 띠엠 반 화
기억하는	đang nhớ 당 녀	긴급의	(của) khẩn cấp (꾸아) 커언 껍	꾸러미	gói 거이
기억하다	nhớ 녀	긴급한	khẩn cấp 커언 껍	꾼	thợ 터
기여하다	đóng góp 덤 겁	긴장하다	xì dầu 씨 저우	꿀	mật ong 멋 웅
기장	cơ trưởng 꺼 쯔엉	길	đường 드엉	꿈	giấc mơ 지억 머
기차	tàu hỏa 따우 호아	길 위	trên đường 쩬 드엉	끓는 물	nước sôi 느억 쏘이
기차 객실	toa xe 또아 쎄	길을 잃다	đi lạc 디 락	끝난	xong 썸
기차역	ga đường sắt 가 드엉	길을 잃다	lạc đường 락 드엉	ㄴ	
기차역	nhà ga 냐 가	길이 막히다	tắc đường 딱 드엉	나가다	đi ra 디 자
기차역 직원	nhân viên nha ga 년 비엔 냐 가	깃발	lá cờ 라 꺼	나라	nước 느억
기찻길	đường sắt 드엉	깊은 뜻이 있 다.	có ý nghĩa sâu sắc 꺼 이 잉이아 써우 싹	나룻배	phà 파
기체	khí 키	깨끗한	tinh khiết 띵 키엣	나무	cây 꺼이
기초	cơ sở 꺼 쎠어	깨지기 쉬운 물건	đồ dễ vỡ 도 제에 버어	나이	tuổi tác 뚜오이 딱
기침하다	ho 허	깨지다	vỡ 버어	나이트클럽	câu lạc bộ ban đêm 꺼우 락 보 반 뎀
기타	ghita 기따	꺾어지다	rẽ 제에	나일론	ni lông 니 롬
기회	cơ hội 꺼 호이	껌	kẹo cao su 께오 까오 쑤	나중	sau 싸우
기후	khí hậu 키 허우	꽃	bông 봄	낙서 금지	cấm phác thảo 껌 팍 타오
긴	dài 자이	꽃	hoa 화	낚시꾼	người đánh cá 응어이 다잉 까

난방기	máy sưởi 마이 쓰어이	내부의	bên trong 벤 쫌	농담하다	đùa giỡn 두아 지언
날	ngày 응아이	내일	ngày mai 응아이 마이	농부	nông dân 농 전
날다	bay 바이	내일 저녁 (오후)	tối mai (chiều mai) 또이 마이 (찌에우 마이)	농업	nông nghiệp 농 니엡
날씨	thời tiết 터이 띠엣	내일 점심	trưa mai 쯔아 마이	농촌	làng thôn 랑 톤
남기다	để lại 데에 라이	냅킨	giấy lau 지어이 라우	높은	cao 까오
남녀	nam nữ 남 느으	냅킨	khăn giấy 칸 지어이	놓치다	để mất 데에 멋
남녀공용	nam nữ dùng chung 남 느으 줌 쭝	냇물, 생수	nước suối 느억 쑤오이	뇌	não 나오
남성용	dành cho nam giới 자잉 쩌 남 져이	냉장고	tủ lạnh 뚜우 라잉	뇌 외상	chấn thương sọ não 쩐 트엉 써 나오
남자	nam 남	넥타이	cà vạt 까 밧	뇌혈관 파열	đứt mạch máu não 듯 마익 마우 나오
남자, 아들	con trai 껀 짜이	노란색	màu vàng 마우 방	눈	tuyết 뚜이엣
남쪽	phía nam 피아 남	노래방	karaoke 까라오께	눈물	nước mắt 느억 맛
남편	chồng 쫌	노래하다, 가극	hát 핫	눈이 내리다	tuyết rơi 뚜이엣 저이
낫다	khỏi 커이	노선	tuyến đường 뚜이엔 드엉	눈에 띄다	nổi bật 노이 벗
낭만적인	lãng mạn 라앙 만	노선도	bản đồ mạng lưới tàu điện 바안 도 망 르어이 따우 디엔	눕다	nằm xuống 남 쑤옹
내과 의사	bác sĩ nội khoa 박 씨이 노이 콰			느글거리다	muốn ói 무온 어이
내년	năm ngoái 남 응오아이	노인	người già 응어이 쟈	느슨하다	lỏng lẻo 러엉 레오
내년	sang năm 쌍 남	노천 식당	quán ăn lộ thiên 꾸안 안 로 티엔	느억맘	nước mắm 느억 맘
내다	trả 짜아	놀다	chơi 쩌이	늦게 도착하다	đến trễ 덴 쩨에
내려오다	xuống 쑤옹	놀라다	ngạc nhiên 응악 니엔	늦다	trễ 쩨에

늪	hồ nước 호 느억	닫다	đóng lại 돔 라이	대성당	đại thánh đường 다이 타잉 드엉
ㄷ		닫다	đóng 덤	대인	người lớn 응어이 런
다도	trà đạo 짜 다오	달걀	trứng 쯩	대자보	tấm áp phích 떰 압 픽
다른사람이듣지 못하게말하다	bảo nhỏ 바오 녀어	달력	lịch 릭	대통령	tổng thống 또옹 통
다리	cây cầu 꺼이 꺼우	닭고기	thịt gà 틧 가	대학교	trường đại học 쯔엉 다이 헙
다리미	bàn ủi 반 우이	담당 사원	nhân viên phụ trách 년 비엔 푸 짜익	대학생	sinh viên đại học 씽 비엔 다이 헙
다시 보다	xem lại 쎔 라이	담배	thuốc lá 투옥 라	대형 가구	dụng cụ cỡ lớn 줌 꾸 꺼어 런
다시 섞다	trộn lẫn lại 쫀 러언 라이	담배 피우다	thuốc xì gà 투옥 씨 가	대형차	xe cỡ lớn 쎄 꺼어 런
다시 한번	một lần nữa 못 런 느아	담요	chăn 짠	대화	hội thoại 호이 토와이
다음 달	tháng sau 탕 싸우	당뇨병	bệnh tiểu đường 벵 띠에우 드엉	더 빨리	nhanh lên 냐잉 렌
다음 주	tuần sau 뚜원 싸우	당일 방문	tham quan trong ngày 탐 꾸완 쫑 응아이	더러운	bẩn 버언
다이아몬드	kim cương 낌 끄엉	당일 여행	du lịch trong ngày 주 릭 쫑 응아이	더러운	dơ bẩn 저 버언
(맛이) 단	ngọt 응엇	당직 근무자	người trực tổng đài 응어이 쯕 또옹 다이	더블 룸	phòng đôi 펌 도이
단단한	cứng 꿍	대기실	phòng chờ 펌 쩌	더운	nóng 넘
단어	từ 뜨	대단히	tuyệt vời 뚜이엣 버이	데려오다	dắt theo 잣 테오
단지	chỉ 찌이	대답하다	trả lời 짜아 러이	데리러 가다	đưa đón 드아 던
단체	đoàn thể 도안 테에	대로	đại lộ 다이 로	도둑	ăn trộm 안 쫌
단체 여행	du lịch tập thể 주 릭 떱 테에	대리	đại lý 다이 리	도둑 맞은 품목	mặt hàng bị mất cắp 맛 항 비 멋 깝
단풍	lá đỏ 라 더어	대사관	đại sứ quán 다이 쓰 꾸완	도둑질하다	ăn cướp 안 끄업

도로	con đường 껀 드엉	동물원	sở thú 써어 투	들어가다	vào 바오
도로를 보수하다	sửa dưỡng 쓰아 즈엉	동상	tượng đồng 뜨엉 돔	들이다, 입학하다	nhận vào 년 바오
도박	đánh bạc 다잉 박	동아리	câu lạc bộ 꺼우 락 보	등	lưng 릉
도서관	thư viện 트 비엔	동업	đồng nghiệp 돔 니엡	등기 우편 보내다	gửi bảo đảm 그으이 바오 다암
도시	thành phố 타잉 포	동전	tiền đồng 띠엔 돔	등록하다	đăng ký 당 끼
도시락	hộp cơm 홉 껌	동전 지갑	túi bỏ tiền lẻ 뚜이 버 띠엔 레에	등잔 밑	đèn dưới chân 덴 즈어이 쩐
도시로 들어가다	vào trong thành phố 바오 쫑 타잉 포	동전 투입구	nơi bỏ tiền đồng vào 너이 버어 띠엔 돔 바오	디자인 직원	nhân viên thiết kế 년 비엔 티엣 께
도시의	của thành phố 꾸아 타잉 포			디저트	tráng miệng 짱 미엥
도시의 중심	nơi trung tâm thành phố 너이 쭝 떰 타잉 포	동쪽	phía đông 피아 돔	디저트 가게	tiệm ăn nhẹ 띠엠 안 네
		되돌아오다	trở lại 쩌어 라이	디저트 스푼	muỗng tráng miệng 무옹 짱 미엥
도시 지도	bản đồ thành phố 바안 도 타잉 포	되돌아오다	trở về 쩌어 베		
도자기	cái sanh 까이 싸잉	두통	đau đầu 다우 더우	디지털카메라	máy chụp ảnh kỹ thuật số 마이 쭙 아잉 끼이 투욋 쏘
도자기 가게	tiệm bán đồ gốm sứ 띠엠 반 도 곰 쓰	둥근 천장	trần nhà hình vòm cung 쩐 냐 힝 범 꿈		
도중에	giữa chừng 지으아 쯩			디퓨저	tinh dầu 띵 저우
도착 시간	giờ đến 져 덴	드라마	vở kịch 버어 끽	따갑다	đau nhói 다우 녀이
도착하다, ~가 되다	đến 덴	드라이아이스	đá khô 다 코	따뜻한	ấm áp 엄 압
독서등	đèn đọc sách 덴 덥 싸익	드라이기	máy sấy tóc 마이 써이 떡	따뜻한	nóng ấm 넘 어엄
돈	tiền 띠엔	드라이브하 다	chạy xe 짜이 쎄	딸, 소녀	con gái 껀 가이
돕다	giúp 지웁	드라이 클리닝	hấp quần áo 헙 꾸언 아오	땀	mồ hôi 모 호이

한국어	베트남어	한국어	베트남어	한국어	베트남어
땅	mặt đất 맛 덧	로비	tiền sảnh 띠엔 싸잉	마요네즈	sốt ma-yo-ne 쏫 마 요 네
땅콩	củ lạc 꾸우 락	로션	kem dưỡng da 껨 즈엉 자	마중가다	đi đón 디 던
때	vét nhơ 벳 녀	로션	nước lotion 느억 로션	마지막	cuối cùng 꾸오이 꿈
떨어뜨리다	làm rớt 람 젓	룰렛	trò chơi ru-lét 쩌 쩌이 주 렛	마지막 목적지	đích đến cuối cùng 딕 뎬 꾸오이 꿈
ㄹ		룸메이트	người cùng phòng 응어이 꿈 펌	마지막 배편	chuyến tàu cuối cùng 쭈이엔 따우 꾸오이 꿈
라디오	radio 라디오	룸서비스	phục vụ tại phòng 푹 부 떠이 펌		
라오스	nước Lào 느억 라오	룸서비스 비용	tiền phục vụ tận phòng 띠엔 푹 부 떤 펌	막 끝나다	vừa mới làm xong 브아 머이 람
라운드 티	áo thun cổ tròn 아오 툰 꼬오 쫀			막다른 골목길	đường cùng 드엉 꿈
라이벌	đối thủ 도이 투우	리무진	xe buýt limousin 쎄 뷧 리무진	만	vịnh 빙
라이터	cái bật lửa 까이 벗 르아	린스	dầu xả 저우 싸아	만나다	gặp 갑
라켓	vợt đánh cầu 벗 다잉 꺼우	립스틱	sơn môi 썬 모이	만장하다	hết chỗ 헷 쪼오
레드 와인	rượu vang 즈어우 방	**ㅁ**		만족하다	thỏa mãn 토아 마안
레몬	trái chanh 짜이 짜잉	마개	nút 눗	만화책	truyện tranh 쭈이엔 짜잉
렌즈	kính mắt tròng 낑 맛 쩜	마라톤하다	chạy marathon 짜이 마라톤	많은	nhiều 니에우
렌즈	thấu kính 터우 낑	마사지 숍	tiệm xoa bóp 띠엠 쏴 법	많은 종류	nhiều loại 니에우 로와이
렌터카	xe thuê 쎄 퉤	마사지하다	xoa bóp 쏴 법	많이 비싸지 않은	không đắt lắm 콤 닷 람
로드 맵	bản đồ đường 바안 도 드엉	마스크	khẩu trang 커우 짱	많이 ~하지 않다	không...lắm 콤 ~ 람
로마자	Chữ la tinh 쯔으 라 띵	마시다	uống 우옹	말	(con) ngựa (껀) 응으아
~로 만들어 지다	được làm bằng 드억 람 방	마실 물	nước uống 느억 우옹	말레이시아	Malaysia 말라이씨아

165

말에 타다	cưỡi ngựa 끄어이 응으아	머리	cái đầu 까이 더우	면세하다	miễn thuế 미엔 투에
말하다	nói 너이	머리 자르다	cắt tóc 깟 떡	명부	danh sách 자잉 싸익
맛	vị 비	머리를 말리다	sấy tóc 써이 떡	명소	địa danh nổi tiếng 디아 자잉 노이 띠엥
맛있는	ngon 응언	머리빗	lược chải tóc 르억 짜이 떡		
망고	trái xoài 짜이 쏘와이	머리카락	tóc 떡	명절	ngày lễ 응아이 레에
맞는	đúng 둠	머플러	khăn choàng cổ 칸 쪼앙 꼬오	명찰	bảng tên 바앙 뗀
맡기다	giao phó 지아오 퍼	먹다	ăn 안	모기	con muỗi 껀 무오이
매니큐어	sơn móng 썬 멈	먼	xa 싸	모래사장	bãi cát 바이 깟
매매 센터	trung tâm mua bán 쭝 떰 무아 반	먼지	bụi bặm 부이 밤	모레	ngày kia 응아이 끼아
매우	quá 꾸아	멈추다	ngừng lại 응응 라이	모자	mũ 무우
매운	cay 까이	메뉴	thực đơn 특 던	모직물	đồ đan (len) 도 단 (렌)
매운맛	vị cay 비 까이	메모	lời nhắn 러이 냔	모퉁이	góc 걱
매표소	nơi bán vé 너이 반 베	메모지	giấy ghi chú 지어이 기 쭈	목걸이	dây chuyền 저이 쭈이엔
매표소	quầy bán vé 꾸워이 반 베	메이커	hàng hiệu 항 히에우	목걸이	mặt dây chuyền 맛 저이 쭈이엔
맥박	nhịp mạch 닙 마익	면	mì 미	목소리	âm thanh 엄 타잉
맥이 없는	buồn chán 부온 짠	면도기	dao cạo râu 자오 까오 저우	목욕 수건	khăn tắm 칸 땀
맥주	bia 비아	면도기	đồ cạo râu 도 까오 저우	목욕탕	phòng tắm 펌 땀
맥주 펍	quán bia 꾸완 비아	면세점	cửa hàng miễn thuế 끄아 항 미엔 투에	목욕탕이 있는	có phòng tắm 꺼 펌 땀
맹장염	bệnh viêm ruột thừa 벵 비엔 루옷 트아	면세품	hàng miễn thuế 항 미엔 투에	목적	mục đích 묵 딕

목적지	đích đến 딕 덴	무두질하다	thuộc da 투옥 자	물건	hàng hóa 항 화
목적지	nơi đến 너이 덴	무력	vô hiệu lực 보 히에우 륵	물리 치료	vật lý trị liệu 벗 리 찌 리에우
목제 가구	đồ gỗ gia dụng 도 고오 쟈 줌	무료	miễn phí 미엔 피	물을 붓다	dội nước 조이 느억
목제 가구점	tiệm bán đồ gỗ 띠엠 반 도 고오	무역	mậu dịch 머우 직	뮤직 박스	hộp âm nhạc 홉 엄 낙
목 폴라	áo thun có cổ 아오 툰 꺼 꼬오	무의식	vô ý thức 보 이 특	미끄러지기 쉬운	dễ trơn trợt 제에 쩐 쯔엇
목화	bông gòn 봄 건	무익한	vô ích 보 익	미소 된장	tương misô 뜨엉 미쏘
목화	chất liệu bằng bông 쩟 리에우 방 봄	무제한	vô giới hạn 보 지어이 한	미술박물관	viên bảo tàng mỹ thuật 비엔 바오 땅 미이 투
몫	cổ 꼬오	무지	không có họa tiết hay hoa văn 콤 꺼 화 띠엣 하이 화 반	미아 보호소	nơi giữ trẻ 너이 지으 쩨에
몸	cơ thể 꺼 테에	무첨가	không có chất phụ liệu 콤 꺼 쩟 푸 리에우	미얀마	Miến Điện 미엔 디엔
몸무게	cân nặng cơ thể 껀 낭 꺼 테에			미용	thẩm mỹ 텀 미이
몸이 좋지 않 은	cảm thấy không được khỏe 까암 터이 콤 드억 코에	문	cửa 끄아	미용실	tiệm uốn tóc 띠엠 우온 떡
		문법	văn phạm 반 팜	민감성 피부	làn da nhạy cảm 란 자 냐이 까암
못	đinh 딩	문학	văn học 반 홉	민족 의상	bộ đồ dân tộc 보 도 전 똑
묘지	nghĩa địa 응이아 디아	문화	văn hóa 반 화	밀	lúa mì 루아 미
무거운	nặng 낭	묻다	hỏi 허이	밀가루	bột mì 봇 미
무게	sức nặng 쓱 낭	물	nước 느억	밀다	đẩy 더이
무늬	hoa văn 화 반	물가	vật giá 벗 쟈	밀봉된 편지	thư có niêm phong 트 꺼 니엠 펑
무대	sân khấu 썬 커우	물건	đồ vật 도 벗	밀크티	trà sữa 짜 쓰아

167

밑에	ở dưới 어어 즈어이	바지	quần 꾸원	방 번호	số phòng 쏘 펌
밑쪽	phía dưới 피아 즈어이	박물관	viện bảo tàng 비엔 바오 땅	방 열쇠	chìa khóa phòng 찌아 콰 펌
밑층	tầng dưới 떵 즈어이	박스	hộp 홉	방법	lề lối 레 로이
ㅂ		반	phân nửa 펀 느아	방법	phương pháp 프엉 팝
바	quán bar 꾸완 바	반대하다	phản đối 판 도이	방세	tiền phòng 띠엔 펌
바구니	cái rổ 까이 조오	반입 금지 품목	mặt hàng cấm không được mang vào 맛 항 껌 콤 드억 망 바오	배	tàu 따우
바구니	giỏ 져어			배	thuyền 투이엔
바깥쪽	bên ngoài 벤 응오아이	반지	chiếc nhẫn 찌엑 녀언	배 갈아타기	sự đổi tàu 쓰 도이 따우
바꾸다	thay đổi 타이 도이	반팔	ngắn tay 응안 따이	배 갈아타는 표	vé đổi tàu 베 도이 따우
바늘	kim 낌	받잡다	nhận lấy 년 러이	배 승차권	vé lên thuyền 베 렌 투이엔
바늘 따위로 찌르다	chích 찍	발	chân 쩐	배고픈	đói 더이
바다	biển 비엔	발목	cổ chân 꼬오 쩐	배고플 때	lúc đói 룩 더이
바닥	đáy 다이	발신지	nơi gửi 너이 그이	배로 보내다	gởi bằng tàu thủy 거이 방 따우 투이
바닥	sàn nhà 싼 냐	발열성의	phát nhiệt 팟 니엣	배를 갈아타다	đổi tàu 도이 따우
바람	gió 져	발코니	ban công 반 꼼	배를 놓치다	hụt lên tàu 훗 렌 따우
바로	ngay 응아이	밝히다	chiếu sáng 찌에우 쌍	배반자	nội tuyến 노이 쭈이엔
바쁜	bận rộn 번 존	밤	ban đêm 반 뎀	배송지	địa chỉ người nhận 디아 찌이 응어이 년
바위	tảng đá 따양 다	밤	tối 또이	배우	diễn viên 지엔 비엔
바이올린	đàn violon 단 바이올론	방	phòng 펌	배터리	pin 삔

배표	vé lên tàu 베 렌 따우	베트남어	tiếng Việt 띠엥 비엣	병원	bệnh viện 벵 비엔
백화점	cửa hàng bách hóa 끄아 항 바익 화	베트남 음식	món ăn Việt Nam 먼 안 비엣 남	보관소	tủ gửi đồ 뚜우 그으이 도
밴드	băng quấn vết thương 방 꾸원 벳 트엉	벨을 누르다	nút bấm gọi 눗 범 거이	보내다	gửi 그으이
		벨트	dây nịt 저이 닛	보다	nêm nếm 넴 넴
뱀	con rắn 껀 잔	벽	bức tượng 븍 뜨엉	보다	ngắm 응암
뱃멀미	say thuyền 싸이 투이엔	벽	tường 뜨엉	보다	xem 쎔
버스	xe buýt 쎄 뷧	벽지	giấy dán tường 지어이 잔 뜨엉	보드카	rượu Vodka 즈어우 보드까
버스 노선도	bản đồ tuyến xe buýt 바안 도 뚜이엔 쎄 뷧	변비약	thuốc nhuận trường 투옥 뉴원 쯔엉	보석	đá quý 다 뀌
				보석	tiền bảo chứng 띠엔 바오 쫑
버스 정류장	trạm xe buýt 짬 쎄 뷧	변상	sự bồi thường 쓰 보이 트엉	보석 숍	tiệm đá quý 띠엠 다 뀌
버터	bơ 버	변상하다	bồi thường 보이 트엉	보조 침대	giường phụ 지으엉 푸
번화가	phố sầm uất 포 썸 우	변압기	cục biến điện 꾹 비엔 디엔	보증서	giấy bảo chứng 지어이 바오 쫑
벌레	sâu 써우	별	ngôi sao 응오이 싸오	보통의	bình thường 빙 트엉
법	luật sư 루웟 쓰	별개의	riêng biệt 지엥 비엣	보통의	thông thường 통 트엉
법률	luật pháp 루웟 팝	별도 비용	phí riêng 피 지엥	보행자 도로	đường đi bộ 드엉 디 보
법원	tòa án 또아 안	별도의	riêng biệt 지엥 비엣	보행자 우선	ưu tiên người đi bộ 으우 띠엔 응어이 디 보
벚나무	hoa anh đào 화 아잉 다오	병	bệnh 벵	보험	bảo hiểm 바오 히엠
베개	cái gối 까이 고이	병	hũ đựng 후우 등	보험사	hãng bảo hiểm 하앙 바오 히엠
베트남	Việt Nam 비엣 남	병따개	đồ mở nắp chai 도 머어 납 짜이	복도	hành lang 하잉 랑

169

복사하다	copy 꺼삐	분무기	bồn phun nước 본 푼 느억	브레이크	phanh 파잉
복잡한	rắc rối 작 조이	분실 신고서	tờ khai đồ thất lạc 떠 카이 도 텃 락	브로치	đồ cài áo 도 까이 아오
복통	đau bụng 다우 붐	분실물	vật thất lạc 벗 텃 락	블라우스	áo kiểu 아오 끼에우
볶은	đã rang 다아 장	분실물 센터	nơi quản lý đồ thất lạc 너이 꾸완 리 도 텃 락	비	mưa 므아
볼펜	bút bi 붓 비			비교하다	sóng 썽
볼펜	cây bút 꺼이 붓	분위기	bầu không khí 버우 콤 키	비극	bi kịch 비 끽
봄	mùa xuân 무아 쑤원	분유	sữa bột 쓰아 봇	비누	xà bông 싸 봄
봉투	bao dành để ói 바오 자잉 데에 어이	분필	phấn 펀	비단	lua 루아
봉투	bao thư 바오 트	불	hỏa hoạn 호아 호안	비료	bón 번
부가세	thuế giá trị gia tăng 퉤 지아 찌 지아 땅	불	lò sưởi 러 쓰으이	비밀	bí mật 비 멋
부두	bến cảng 벤 까잉	불	lửa 르아	비상구	cửa thoát hiểm 끄아 토왓 히엠
부모	cha mẹ 짜 메	불꽃	pháo hoa 파오 화	비상벨	nút bấm báo bất thường 눗 범 바오 벗 트엉
부모	song thân 썸터이	불량품	hàng lỗi 항 로이		
부엌	bếp 벱	불운한	không may 콤 마이	비어있는	đang trống 당 쫑
부재	sự vắng nhà 쓰 방 냐	불평하다	than phiền 탄 피엔	비용	chi phí 찌이 피
부족한	không đủ 콤 두우	붉나무	cây diêm 꺼이 지엠	비용	lệ phí 레 피
부패하다	thối rữa 토이 즈아	뷔페를 먹다	ăn búp phê 안 붑 페	비자	visa 비자
북쪽	phía bắc 피아 박	뷰러	kẹp bấm 껩 범	비치다	chiếu 찌에우
분류하다	phân loại 펀 로아이	브래지어	áo ngực 아오 응윽	비행기	máy bay 마이 바이

170

한국어	베트남어	한국어	베트남어	한국어	베트남어
비행기 탑승 게이트	cổng lên máy bay 꼬옹 렌 마이 바이	사고	tai nạn 따이 난	사적의	ngoài công việc 응오와이 꽁 비엑
비행기표	vé máy bay 베 마이 바이	사고 증명서	giấy chứng tai nạn 지어이 쯩 따이 난	사전	từ điển 뜨 디엔
빈	trống 쫑	사다	mua 무아	사진관	tiệm chụp ảnh 띠엠 쭙 아잉
빈 좌석	ghế trống 게 쫑	사다리	cầu thang 꺼우 땅	사촌	anh chị em họ 아잉 찌 엠 호
빈곤한	nghèo đói 응예오 더이	사랑하다	yêu 예우	사탕	kẹo 께오
빈방	phòng trống 펌 쫑	사막	sa mạc 쌰 막	사회 복지	phúc lợi xã hội 푹 러이 싸아 호이
빈혈	thiếu máu 티에우 마우	사무실	văn phòng 반 펌	삭제하다	xóa bỏ 쏴 버어
빌리다	mượn 므언	사무용품 가게	tiệm bán đồ văn phòng phẩm 띠엠 반 도 반 펌 퍼엄	산	núi 누이
빗	cái lược 까이 르억			산부인과 의사	bác sĩ phụ khoa 박 씨이 푸 콰
빛	ánh sáng 아잉 쌍	사물함	tủ đựng đồ 뚜우 등 도	산소마스크	mặt nạ dưỡng khí 맛 나 즈엉 키
빛나는	sáng sủa 쌍 쑤아	사실	sự thật 쓰 텃	산쪽 방향	phía bên núi 피아 벤 누이
빨간색	màu đỏ 마우 더어	사실상	trên thực tế 쩬 특 떼	산책하다	đi dạo 디 자오
빨대	ống hút 옴 훗	사오다	mua đem về 무아 뎀 베	산타	Noel 노엘
빵	bánh mì 바잉 미	사용료	phí sử dụng 피 쓰으 줌	산호초	đá san hô 다 싼 호
뼈	xương 쓰엉	사용 시 주의	chú ý khi sử dụng 쭈 이 키 쓰으 줌	살균하다	sát trùng 쌋 쭘
ㅅ		사용 중	đang sử dụng 당 쓰으 줌	살다	sống 쏨
사각형 손가방	túi xách hình vuông 뚜이 싸익 힝 부옹	사우나	tắm hơi 땀 허이	살살 아프다	đau lắm răm 다우 럼 점
사거리	ngã tư đường 응아 뜨 드엉	사원	chùa lớn 쭈아 런	삶은 달걀	trứng luộc 쫑 루옥
사건	vụ án 부 안	사장	giám đốc 지암 독	삼각의	ba chân 바 쩐

171

삼촌	chú 주	생리용품	băng vệ sinh 방 베 씽	서비스	phục vụ 푹 부
상세	chi tiết 찌 띠엣	생리용품	đồ dùng khi có kinh nguyệt 도 줌 키 꺼 낑 응우옛	서비스료	phí phục vụ 피 푹 부
상자	cái hộp 까이 홉			서점	hiệu sách 히에우 싸익
상점 직원	nhân viên cửa hàng 년 비엔 끄아 항	생리일	ngày có kinh 응아이 꺼 낑	서점	tiệm sách 띠엠 싸익
상처	vết thương 벳 트엉	생리통	đau bụng kinh 다우 붐 낑	서쪽	phía tây 피아 떠이
상처입다	bị thương 비 트엉	생명	sinh mệnh 씽 멘	선글라스	kính mát 낑 맛
상황	tình trạng 띵 짱	생물	đồ tươi sống 도 뜨어이 송	선내	trong tàu hỏa 쫑 따우 호아
새	con chim 껀 찜	생물	vật sống 벗 송	선내 침실	buồng ngủ ở tàu 부옹 응우 어 따우
새끼 새	chim con 찜 껀	생선	con cá 껀 까	선내 침실 책임자	nhân viên phụ trách buồng ngủ ở tàu 년 비엔 푸 짜익 부옹 응우 어 따우
새로운	mới 머이	생선요리	gỏi 거이		
새우	tôm 똠	생일	ngày sinh nhật 응아이 씽 녓	선불금	tiền trả trước 띠엔 짜아 쯔억
새해	năm mới 남 머이	생필품	đồ vật cần thiết 도 벗 껀 티엣	선불하다	trả trước 짜아 쯔억
색	màu sắc 마우 싹	샤워기	hương sen 흐엉 쎈	선상 승무원	nhân viên phục vụ trên tàu 년 비엔 푹 부 쩬 따우
샌드위치	bánh mì xăng uých 바잉 미 쌍 우익	샤워기가 있는	có hương sen 꺼 흐엉 쎈		
생각	ý tưởng 이 뜨엉	샴푸	dầu gội 저우 고이	선언서	tờ khai báo 떠 카이 바오
생강	gừng 긍	서랍	ngăn kéo 응안 께오	선언하다	khai báo 카이 바오
생과일주스	nước trái cây tươi 느억 짜이 꺼이 뜨어이	서류	giấy tờ 지어이 떠	선장	thuyền trưởng 투이엔 쯔엉
생년월일	ngày tháng năm sinh 응아이 탕 남 씽	서명	chữ ký 쯔으 끼	선전하다	tuyên truyền 뚜이엔 쭈이엔
		서명하다	ký tên 끼 땐	선크림	kem chống nắng 껨 쫑 낭

선풍기	quat máy 꾸왓 마이	세정 버튼	nút rửa 눗 즈아	소설	tiểu thuyết 띠에우 투이엣
설계하다	thiết kế 띠엣 께	세정제	thuốc chùi rửa 투옥 쭈이 즈아	소시지	xúc xích 쑥 씩
설명표	bảng giải thích 바앙 지아이 틱	세탁기	máy giặt 마이 지앗	소식	tin tức 띤 뜩
설사	ỉa chảy 이아 짜이	세탁비	tiền giặt ủi 띠엔 지앗 우이	소아 가격	giá tiền dành cho trẻ em 쟈 띠엔 자잉 쩌 쩨에 엠
설사약	thuốc cầm ỉa chảy 투옥 껌 이아 짜이	세탁하다	giặt giũ 지앗 지우		
설사약	thuốc xổ 투옥 쏘오	세탁하다	giặt ủi 지앗 우이	소인	dấu bưu điện 저우 브우 디엔
섬	đảo 다오	세탁하다	giặt 지앗	소지품	vật sở hữu 벗 써어 흐우
성	họ 호	셀프 발권기	máy bán vé tự động 마이 반 베 뜨 돔	소파	ghế sa lông 게 싸 롱
성곽	thành quách 타잉 꾸와익	셀프 서비스	tự phục vụ 뜨 푹 부	소포	gói nhỏ 거이 녀어
성별	giới tính 지어이 띵	셔터	nút bấm 눗 범	소프트웨어	phần mềm 펀 맴
성실한	trung thực 쭘 특	소개하다	giới thiệu 져이 티에우	소형 자동차	xe cỡ nhỏ 쎄 꺼어 녀어
성적표	bảng điểm 바앙 디엠	소고기	thịt bò 팃 버	소화기	bình chữa lửa 빙 쯔아 르아
세계	thế giới 테 져이	소금	muối 무오이	소화 불량	tiêu hóa không tốt 띠에우 화 콤
세계 유산	di sản thế giới 지 싸안 테 져이	소나기	cơn mưa rào buổi chiều 껀 므아 자오 부오이 찌에우	속담	tục ngữ 뚝 응으
세관	thuế quan 퉤 꾸완			속도계	đồng hồ đo tốc độ 돔 호 더 똑 도
세관 신고서	giấy khai hải quan 지어이 카이 하이 꾸완	소년	bồi 보이	속옷	đồ lót 도 럿
세금	tiền thuế 띠엔 투에	소매치기	móc túi 먹 뚜이	속이다	lừa đảo 르아 다오
세금을 내다	đóng thuế 덤 투에	소방서	trạm cứu hỏa 짬 끄우 화	손	tay 따이
세모	tam giác 땀 지악	소변	nước tiểu 느억 띠에우	손가방	cái túi xách 까이 뚜이 싸익

손가방	túi xách 뚜이 싸익	수도	thủ đô 투우 도	수영하다	bơi 버이
손님	khách 카익	수도꼭지	vòi nước 버이 느윽	수입하다	nhập khẩu 녑 커우
손님 좌석	chỗ ngồi của khách 쪼오 응오이 꾸아 카익	수동 기어 차	xe sang số tự động 쎄 쌍 쏘 뜨 돔	수작업	làm bằng tay 람 방 따이
손목시계	đồng hồ đeo tay 돔 호 데오 따이	수동 잠금	tự động khóa 뜨 돔 콰	수족관	thủy cung 투이 꿈
손발톱	móng 멈	수로	đường nước 드엉 느윽	수채화	tranh màu nước 짜잉 마우 느윽
손뼉치다	vỗ tay 보오 따이	수리하다	sửa chữa 쓰아 쯔아	수첩	sổ tay 쏘오 따이
손수건	khăn tay 칸 따이	수리현장	xưởng sửa chữa 쯔엉 쓰아 쯔아	수표	tấm séc 떰 쌕
손자	cháu 짜우	수면	giấc ngủ 지억 응우	수하물	hành lý xách tay 하잉 리 싸익 따이
손전등	đèn pin 덴 삔	수면부족	thiếu ngủ 티에우 응우	수하물 보내 는 곳	nơi gửi hành lý xách tay 너이 그이 하잉 리 싸익 따이
손톱깎이	đồ cắt móng 도 깟 멈	수면제	thuốc ngủ 투옥 응우		
솔직한	thẳng thắn 타앙 탄	수상	thủ tướng 투우 뜨엉	수하물 위탁소	nơi nhận hành lý 너이 년 하잉 리
솥	nồi 노이	수상 인형극	múa rối nước 무아 조이 느윽	수하물 위탁표	phiếu gửi hành lý xách tay 피에우 그이 하잉 리 싸익 따이
쇠사슬	dây xích 저이 씩	수술	phẫu thuật 퍼우 투		
쇠창살	cửa sắt cuốn 꾸아 쌋 꾸온	수습하다 (~를)	thu thập (của …) 투 텁 (꾸아)	수하물 캐비넷	tủ hành lý 뚜 하잉 리
쇼핑 거리	phố mua bán 포 무아 반	수신인	người nhận 응어이 년	수학	toán học 또안 헙
수건	khăn 칸	수신자	người gửi 응어이 그이	수혈하다	truyền máu 쭈이엔 마우
수공예품점	tiệm bán đồ thủ công mỹ nghệ 띠엠 반 도 투우 꼼 미이 응예	수업, 학년	lớp 럽	수화기	ống nghe điện thoại 옹 응예 디엔 토와이
		수영복	áo tắm 아오 땀	숙박객	khách trọ 카익 쩌
수놓다	thêu 테우	수영장	bể bơi 베에 버이	숙박 카드	thẻ trọ 테에 쩌

숟가락	cái muỗng 까이 무옹	스트레스 받는	căng thẳng 깡 타앙	시간표	thời biểu 터이 비에우
술	rượu uống 즈어우 우옹	스파	spa 스빠	시계	đồng hồ 돔 호
술	rượu 즈어우	스포츠	thể thao 테에 타오	시계 상점	tiệm bán đồng hồ 띠엠 반 돔 호
술 생산지	nơi sản xuất rượu 너이 싸안 쑤윗 즈어우	스포츠용품 숍	tiệm bán đồ thể thao 띠엠 반 도 테에 타오	시끄러운	huyên náo 후이엔 나오
				시끄러운	ồn ào 온 아오
술 종류를 외우다	thuộc loại rượu 투옥 로와이 즈어우	스프레이	gôm 곰	시내	trong thành phố 쫑 타잉 포
술집	quán rượu 꾸안 즈어우	스프링롤	chả giò 짜아 져	시내 전화	điện thoại nội thành 디엔 토와이 노이 타잉
술집	tiệm bán rượu 띠엠 반 즈어우	스피커	loa 로아		
술집, 카페	quán nước 꾸완 느억	슬픈	buồn 부온	시내 전화	điện thoại trong thành phố 디엔 토와이 쫑 타잉 포
숨	hít thở 힛 터어	습관	thói quen 터이 꾸위엔		
숫자	số 쏘	습도	độ ẩm 도 어엄	시도하다	thử 트으
숲	rừng 증	습포	bó lạnh 버 라잉	시원한	mát 맛
쉬다	nghỉ 응이	습한	độ ẩm cao 도 어엄 까오	시작하다	bắt đầu 밧 더우
슈퍼마켓	siêu thị 씨에우 티	승강장	sân ga 썬 가	시장	chợ 쩌
스웨터	áo len 아오 렌	승선 시간	giờ lên tàu 져 렌 따우	시점	giờ giấc 져 지억
스카프	khăn choàng cổ 칸 쪼앙 꼬오	승선하다	lên tàu 렌 따우	시중 약	thuốc thường dùng 투옥 트엉 줌
스쿠터	tay ga 따이 가	시	bài 바이	시차로 인한 울렁거림	bị say vì trái múi giờ 비 싸이 비 짜이 무이 져
스타킹	tất quần 떳 꾸원	시	thị 티		
스탠딩	ghế xem đứng 석 계 쌤 등	시간	thời gian 터이 쟌	시청	tòa nhà ủy ban 또아 냐 우이 반

175

시청	ủy ban thành phố 우이 반 타잉 포	신	chua 쭈아	실패하다	thất bại 텃 바이
시합	cuộc thi đấu 꾸옥 티 더우	신발	đôi giày 도이 지아이	싫어하다	ghét 겟
시험	thi 티	신생아	em bé sơ sinh 엠 베 써 씽	심야	đêm khuya 뎀 쿠위야
식기	chén bát 쩬 밧	신선한	tươi sống 뜨어이 송	심장	tim 띰
식기류 상점	tiệm bán chén bát 띠엠 반 쩬 밧	신성한	thần thánh 턴 타잉	심한 통증	rất đau 젓 다우
식다	nguội lạnh 응우오이 라잉	신속한	cấp tốc 껍 똑	싱글룸	phòng đơn 펌 던
식당	nhà ăn 냐 안	신용 카드	thẻ tín dụng 테에 띤 줌	싱싱한, 살아있는 식품	thực phẩm tươi sống 특 퍼엄 뜨어이 쏨
식도	cổ họng 꼬오 험	신호	dấu hiệu 저우 히에우		
식도염	đau cổ họng 다우 꼬오 험	신호	tín hiệu 띤 히에우	싼	rẻ 제에
식료품점	tiệm bán thực phẩm 띠엠 반 특 퍼엄	신호하다	phát tín hiệu 팟 띤 히에우	싼 값에 팔다	bán hạ giá 반 하 쟈
		신혼여행	du lịch tuần trăng mật 주 릭 뚜언 짱 멋	쌀	gạo 가오
식물	thực vật 특 벗			쌀국수	phở 퍼어
식물원	vườn thực vật 브언 특 벗	실내화	dép mang trong nhà 젭 망 쫑 냐	쌍안경	ống nhòm 옹 념
식비	tiền ăn uống 띠엔 안 우옹	실수하다	nhầm 념	쓰다	viết 비엣
식사	bữa ăn 브아 안	실증하다	chứng thực 쯩 특	쓰레기	rác 작
식욕	sự thèm ăn 쓰 템 안	실직하다	thất nghiệp 텃 니엡	쓰레기통	thùng rác 퉁 작
식중독에 걸리다	trúng thực 쭝 특	실패	sự hư hỏng 쓰 흐 허엉	씻다	rửa 즈아
식초	dấm 점	실패 중	đang hư hỏng 당 흐 허엉		○
식탁보	khăn trải bàn 칸 짜이 반	실패하다	hư hỏng 흐 허엉	아기 젖병	bình sữa cho bé bú 빙 쓰아 쩌 베 부

176

아나운서	xướng ngôn viên 쯔엉 응온 비엔	악취가 나다	có mùi 꺼 무이	암호	mật khẩu 멋 커우
아르바이트 (정직원이아닌)	làm thuê (không biên chế) 람 퉤 (콤 비엔 쩨)	안경	kính 낑	앙코르와트 궁전	đền Angkor Wat 덴 앙코르 왓
		안경점	tiệm kính 띠엠 낑	앞머리	tóc trước 떱 쯔억
아름다운	đẹp 뎁	안과 의사	bác sĩ nhãn khoa 박 씨이 냔 콰	앞쪽	phía trước 피아 쯔억
아몬드	hạt hạnh đào 핫 하잉 다오	안내 요금	phí hướng dẫn 피 흐엉 저언	앞쪽 좌석	ghế phía trước 게 피아 쯔억
아버지	cha 짜	안내 책자	sách hướng dẫn 싸익 흐엉 저언	애니메이션	phim hoạt họa 핌 호앗 화
아스피린	thuốc aspirin 투옥 아스삐린	안내소	nơi hướng dẫn 너이 흐엉 저언	애프터 서비스	dịch vụ sau bán hàng 직 부 싸우 반 항
아오자이	áo dài 아오 자이	안내원	hướng dẫn viên 흐엉 저언 비엔	액세서리	đồ trang sức 도 짱 쓱
아울렛	nơi bán hàng tồn kho giá rẻ 너이 반 항 똔 커 쟈 제에	안내원	nhân viên hướng dẫn 년 비엔 흐엉 저언	앨범	cuốn anbum 꾸온 안붐
		안내하다	hướng dẫn 흐엉 저언	야간 여행	du lịch ban đêm 주 릭 반 뎀
아이스크림	kem 깸	안약	thuốc nhỏ mắt 투옥 녀어 맛	야경	cảnh ban đêm 까잉 반 뎀
아침	bữa ăn sáng 브아 안 쌍	안전	an toàn 안 또안	야식	bàn ăn đêm 반 안 뎀
아침	buổi sáng 부오이 쌍	안전벨트	dây an toàn 저이 안 또안	야채	rau 자우
아파트	chung cư 쭝 끄	안전핀	chốt an toàn 쫏 안 또안	약	thuốc 투옥
악기	nhạc cụ 냑 꾸	앉다	ngồi 응오이	약국	hiệu thuốc 히에우 투옥
악기 상점	tiệm bán nhạc cụ 띠엠 반 냑 꾸	알다	biết 비엣	약국	tiệm thuốc 띠엠 투옥
악수	sự bắt tay 쓰 밧 따이	알람 시계	đồng hồ báo thức 돔 호 바오 특	약속	lời hứa 러이 흐아
악수하다	bắt tay 밧 따이	알레르기	dị ứng 지 응	얇게 자른	đã cắt lát mỏng 다아 깟 랏 머엄
악취가 나는	hôi thối 호이 토이	알약	thuốc viên 투옥 비엔	얇은	gầy 거이

177

얇은	mỏng 멍	얼굴형 관리	chăm sóc khuôn mặt 짬 쏙 쿠온 맛	여벌 열쇠	chìa khóa làm thêm 찌아 콰 람 템
양념하다	gia vị 쟈 비	얼다	đông cứng 돔 끙	여보세요	alo alo 알로 알로
양력	dương lịch 즈엉 릭	얼리다	làm đông cứng 람 돔 끙	여성용품	đồ dành cho phụ nữ 도 자잉 쩌 푸 느으
양말	vớ 버	얼마 정도	khoảng bao nhiêu 코앙 바오 니에우	여자	nữ 느으
양복	áo vét 아오 벳	얼음	nước đá 느억 다	여행	du lịch 주 릭
양초	cây nến 꺼이 낸	엄마	mẹ 메	여행	tour 뚜어
양털	len 랜	엄지손가락	ngón cái 응언 까이	여행 경비	chi phí đi tour 찌 피 디 뚜어
양파	hành tây 하잉 떠이	엄한	nghiêm khắc 응이엠 칵	여행사	hãng du lịch 하앙 주 릭
어떤 것이든 되다	cái gì cũng được 까이 지 꾸응 드억	~에 머무르 다	tại trú 따이 쭈	여행 안내소	nơi hướng dẫn du lịch 너이 흐엉 저언 주 릭
어려운	khó khăn 커 칸	에스컬레이터	thang cuốn 탕 꾸온		
어린	trẻ 쩨에	에어컨	máy điều hòa 마이 디에우 화	여행자 수표	séc du lịch 쎅 주 릭
어제	hôm qua 홈 꾸아	에어컨	máy lạnh 마이 라잉	여행 장소	địa điểm du lịch 디아 디엠 주 릭
억양	giọng nói 지옹 너이	에어컨이 있 는	có máy điều hòa 꺼 마이 디에우 화	여행 청소년 을 위한 숙소	quán trọ đêm cho thanh niên du lịch 꾸완 쩌 댐 쩌 타잉 니엔 주 릭
언덕	đồi 도이	엘리베이터	thang máy 탕 마이		
언론	báo chí 바오 찌	여객선	tàu chở khách 따우 쩌어 카익	여행 팸플릿	tờ quảng cáo du lịch 떠 꾸왕 까오 주 릭
언어, 말	ngôn ngữ 응온 응으	여권	hộ chiếu 호 찌에우	역사	lịch sử 릭 쓰으
언제	khi nào 키 나오	여기	ở đây 어어 더이	역사 유적지	di tích lịch sử 지 띡 릭 쓰으
언제든	bất cứ lúc nào 벗 끄 룩 나오	여드름	mụn 문	역에서	tại ga 따이 가
얼굴	mặt 맛	여름	mùa hè 무아 헤	연고	thuốc mỡ 투옥 머어

연관 있는	liên quan 리엔 꾸완	열차	khách đi tàu 카익 디 따우	예약 좌석	ghế đã có đặt trước 게 다아 꺼 닷 쯔억
연극	kịch 끽	염색 하지 않은	không nhuốm màu 콤 뉴옴 마우	예약하다	đặt trước 닷 쯔억
연락처	địa chỉ liên lạc 디아 찌 리엔 락	염증	viêm 비엠	예약 확인표	phiếu xác nhận đặt trước 피에우 싹 년 닷 쯔억
연못	ao 아오	엽서	bưu thiếp 브우 티엡		
연박	trọ liên tiếp nhiều đêm 쩌 리엔 띠엡 니에우 뎀	엽서	postcard hình 포스트 칼드 힝	예정하다	dự đoán 즈 도안
		영상	hình ảnh 힝 아잉	옛날	ngày xưa 응아이 쓰아
연수하다	tu nghiệp 뚜 응이엡	영수증	biên lai tính tiền 비엔 라이 띵 띠엔	오늘	hôm nay 홈 나이
연장하다	kéo dài 께오 자이	영수증	biên lai 비엔 라이	오늘 밤	tối nay 또이 나이
연주회	buổi hòa nhạc 부오이 화 냑	영수증	hóa đơn 화 던	오늘 아침	sáng nay 쌍 나이
연주회	buổi trình diễn 부오이 찡 지엔	영양	dinh dưỡng 징 즈엉	오늘 오후	chiều nay 찌에우 나이
연중행사	sự kiện trong năm 쓰 끼엔 종 남	영어	tiếng Anh 띠엥 아잉	오두막집	lều 레우
연필	bút chì 붓 찌	영화	phim 핌	오래된	cũ 꾸우
연휴	nghỉ liên tiếp 응이 리엔 띠엡	영화관	rạp chiếu phim 잡 찌에우 핌	오르간	đàn Organ 단 올간
열광	sự cuồng nhiệt 쓰 꾸옹 니엣	옆 사람	người bên cạnh 응어이 벤 까잉	오르다	leo lên 레오 렌
열다	dở 저어	예매권	vé bán trước 베 반 쯔억	오른쪽	bên phải 벤 파이
열다	mở ra 머어 자	예술가	nghệ sĩ 응예 씨이	오리	vịt 빗
열려있는	đang mở cửa 당 머어 끄아	예술가	nhà nghệ thuật 냐 응예 투	오염된	ô nhiễm 오 니엠
열쇠	chìa khóa 찌아 콰	예약자 명단	danh sách đặt trước 자잉 싸익 닷 쯔억	오전에	buổi sáng 부오이 쌍
열쇠 꾸러미	xâu chìa khóa 써우 찌아 코아			오전편	chuyến buổi sáng 쭈이엔 부오이 쌍

179

오징어	(con) mực (껀) 믁	옷을 입다	mặc quần áo 막 꾸원 아오	왼쪽	bên trái 벤 짜이
오픈시간	giờ mở cửa 져 머어 끄아	옷장	tủ áo quần 뚜우 아오 꾸원	요구르트	sữa chua 쓰아 쭈아
오후 식사	cơm chiều 껌 찌에우	와사비	mù tạt 무 땃	요금	phí 피
오후에	buổi chiều 부오이 찌에우	와이셔츠	áo sơ mi 아오 쩌 미	요금표	biểu phí 비에우 피
오후편	chuyến buổi chiều 쭈이엔 부오이 찌에우	와인 리스트	danh sách rượu vang 자잉 싸익 즈어우 방	요일	ngày thứ 응아이 트
옥상	sân thượng 썬 트엉			욕조	bồn tắm 본 땀
옥수수 전	bánh ngô ăn với sữa 바잉 응오 안 버이 쓰아	와인 오프너	đồ mở nắp chai rượu 도 머어 납 짜이 즈어우	욕조가 있는	có bồn tắm 꺼 본 땀
				용안	nhãn 냐안
온도	nhiệt độ 니엣 도	와인 한 잔	một cốc rượu vang 못 꼭 즈어우 방	우기	mùa mưa 무아 므아
온도계	nhiệt kế 니엣 께	와플	bánh kẹp 바잉 껩	우산	cái dù 까이 주
온순한	dễ tính 제에 띵	와플	bánh nướng kẹp 바잉 느엉 깹	우산	dù 주
온천	suối nước nóng 쑤오이 느억 넘	왕복 표	vé khứ hồi 베 크 호이	우상화하다	tường hoa 뜨엉 화
올림픽	Ô-lim-pích 오 림 삑	왕복하다	khứ hồi 크 호이	우연한	ngẫu nhiên 응어우 니엔
옷	quần áo 꾸원 아오	외과 의사	bác sĩ ngoại khoa 박 씨이 응오와이 콰	우유	sữa bò 쓰아 버
옷 가게	tiệm bán quần áo 띠엠 반 꾸원 아오	외국인	người nước ngoài 응어이 느억 응오아이	우정	tình bạn 띵 반
옷걸이	móc áo 먹 아오	외투	áo khoác 아오 코악	우주	vũ trụ 부우 쭈
옷깃	cổ áo 꼬오 아오	외형	dáng vẻ 장 베	우주 비행사	phi hành gia không gian vũ trụ 피 하잉 쟈 콤 지안 부우 쭈
옷을 갈아입다	thay áo quần 타이 아오 꾸원	외형	hình dạng 힝 장		
옷을 빨다	áo quần giặt 아오 꾸원 지앗	외화	tiền nước ngoài 띠엔 느억 응오아이	우주 정거장	trạm không gian vũ trụ 짬 콤 지안 부우 쭈

우체국	bưu điện 브우 디엔	원산지	nơi sản xuất 너이 싸안 쑤	위치	vị trí 비 찌
우편	dịch vụ bưu điện 직 부 브우 디엔	원숭이	con khỉ 껀 키이	위탁 수하물	hành lý ký gửi 하잉 리 끼 그으이
우편 번호	mã số bưu điện 마아 쏘 브우 디엔	원형	hình tròn 힝 쩐	위탁 수하물 수령 카드	thẻ nhận hành lý ký gửi 테에 년 하잉 리 끼 그으이
우편 요금	phí bưu điện 피 브우 디엔	월	tháng 탕		
우편함	hòm thư 험 트	월남쌈	gỏi cuốn 거이 꾸온	위통	đau bao tử 다우 바오 뜨으
우표	tem 땜	월식	nguyệt thực 응우엣 특	위험한	nguy hiểm 응우위 히엠
우표	tiền tem 띠엔 땜	월일	ngày tháng 응아이 탕	유감스러운	đáng tiếc 당 띠엑
우표 화폐	tiền tem 띠엔 땜	웹 페이지	trang web 짱 웹	유람선	thuyền du lịch 투이엔 주 릭
우회전하다	rẽ phải 제에 파이	위경련	co giật bao tử 꼬 지엇 바오 뜨우	유랑지	vườn vui chơi 브언 부이 쩌이
운동	thể thao 테에 타오	위급한	gấp gáp 겁 갑	유료 화장실	nhà vệ sinh tốn tiền 냐 베 씽 똔 띠엔
운동	vận động 번 돔	위병	vệ binh 베 빙	유리	thủy tinh 투이 띵
운동화	giày thể thao 지아이 테에 타오	위생	vệ sinh 베 씽	유머	sự hài hước 쓰 하이 흐억
운전면허	bằng lái 방 라이	위성	vệ tinh 베 띵	유명한	nổi tiếng 노이 띠엥
운전하다	lái xế 라이 쎄	위스키	rượu whisky 즈어우 위스끼	유모차	xe đẩy em bé 쎄 더이 엠 베
운하	kênh 께잉	위장	bao tử 바오 뜨으	유아	trẻ em 쩨에 엠
울다	khóc 컥	위장약	thuốc đau bao tử 투옥 다우 바오 뜨으	유아 동반	cùng với trẻ em 꿈 버이 쩨에 엠
원가	giá vốn 쟈 본	위조하다	xạo 싸오	유아용 옷	áo quần trẻ em 아오 꾸원 쩨에 엠
원료	nguyên vật liệu 응우엔 벗 리에우	위쪽	phía trên 피아 쩬	유적	di tích 지 띡
원료	vật liệu 벗 리에우	위층	tầng trên 떰 쩬	유지하다	giữ 지으

기본회화 맞집 쇼핑 관광 엔터테인먼트 뷰티 호텔 교통수단 기본정보 단어장

유통 금지	cấm không cho lưu thông 껌 콤 쩌 르우 톰	응급 처치	điều trị cấp thời 디에우 찌 껍 터이	이어폰	tai nghe 따이 응에
유학가다	du học 주 헙	의견	ý kiến 이 끼엔	이유	lý do 리 저
유행성 감기	cúm influenza 꿈 인플 루엔자	의복 규정	quy định về y phục 꾸이 딩 베 이 푹	이해하다	hiểu 히에우
유화	tranh sơn dầu 싸잉 썬 저우	의사	bác sĩ 박 씨이	익히다	nấu chín 너우 찐
유효 기간	thời gian có hiệu lực 터이 쟌 꺼 히에우 륵	의심할 만한	đáng ngờ 당 응어	인구	dân số 전 쏘
		의자	ghế 게	인구	số người 쏘 응어이
유효하게 하다	làm cho gía trị pháp lý 람 쩌 쟈 찌 팝 리	의학	y học 이 헙	인기 여행	tour được yêu thích 뚜어 드억 이에우 틱
		의학 전공	bác sĩ chuyên môn 박 씨이 쭈이엔 몬	인기 있는	được yêu thích 드억 이에우 틱
유효한	có gía trị pháp lý 꺼 쟈 찌 팝 리	이동편	chuyến 쭈이엔	인분	phần ăn 펀 안
유흥업소	điểm vui chơi ban đêm 디엠 부이 쩌이 반 뎀	이륙하다	cất cánh 껏 까잉	인사하다	chào hỏi 짜오 허이
		이름	họ tên 호 뗀	인상	ấn tượng 언 뜨엉
은으로 된	(bằng) bạc (방) 박	이번 달	tháng này 탕 나이	인상된 가격	phí gia tăng 피 지아 땅
은행	ngân hàng 응언 항	이번 주	tuần này 뚜원 나이	인쇄기	máy in 마이 인
은행원	nhân viên ngân hàng 년 비엔 응언 항	이브닝 드레스	váy dạ hội 바이 자 호이	인쇄물	ấn phẩm 언 퍼엄
음식	món ăn 먼 안	이사하다	dọn nhà 전 냐	인조 가죽	da nhân tạo 자 년 따오
음식을 주문 하다	gọi món 거이 먼	이상한 소리	âm thanh kỳ lạ 엄 타잉 끼 라	인조견	tơ nhân tạo 떠 년 따오
		이슬	sương 쓰엉	인터넷	mạng internet 망 인떠넷
음식점	nhà hàng 냐 항	이쑤시개	tăm 땀	인터미션	thời gian giải lao giữa buổi diễn 터이 쟌 지아이 라오 지으아 부오이 지엔
음악	âm nhạc 엄 냑	이어폰	nghe tai 응에 따이		

인형	búp bê 붑 베	임시 보관소	nơi lưu giữ tạm thời 너이 르우 지으 땀 텅	자동 판매기	máy bán tự động 마이 반 뜨 돔
일	công việc 꼼 비엑			자리	tấm trải 떰 짜이
일	ngày 응아이	입구	cửa vào 끄아 바오	자매	chị em 찌 엠
일기	nhật ký 녓 끼	입국 목적	mục đích nhập quốc 묵 딕 녑 꾸옥	자명종	chuông đánh thức buổi sáng 쭈옹 다잉 특 부오이 쌍
일기 예보	dự báo thời tiết 즈 바오 터이 띠엣	입국심사	kiểm tra nhập quốc 끼엠 짜 녑 꾸옥		
일반 좌석	chỗ ngồi hạng phổ thông 쪼 응오이 항 포오 톰	입국 카드	thẻ nhập cảnh 테에 녑 까잉	자석	nam châm 남 쩜
		입국하다	nhập quốc 녑 꾸옥	자선	thiện nguyện 티엔 응우옌
일반석 티켓	hạng vé phổ thông 항 베 포오 통	입력하다	nhập vào 녑 바오	자연	tự nhiên 뜨 니엔
일방통행	đường một chiều 드엉 못 찌에우	입어보다	mặc thử 막 트으	자원	tài nguyên 따이 응우옌
일상용품	đồ dùng hàng ngày 도 줌 항 응아이	입원하다	nhập viện 녑 비엔	자유	tự do 뜨 저
일시 정지	tạm dừng 땀 증	입장료	phí vào cổng 피 바오 꼬옹	자유석	ghế ngồi tự do 게 응오이 뜨 저
일식	nhật thực 녓 특	입학하다	nhập học 녑 헙	자전거	xe đạp 쎄 답
일어나다	dậy 저이	잉크	mực 믁	자전거 타다	đi xe đạp 디 쎄 답
일어서다	đứng 등	잊다	quên 꾸이엔	자화상	bức chân dung tự vẽ 븍 쩐 줌 뜨 베에
일품요리	thực đơn cơm phần 특 던 껌 펀	ㅈ			
일회용 기저귀	tã giấy 따아 지어이	자극제	vật kích thích 벗 끽 틱	작곡가	nhà sáng tác 냐 쌍 딱
잃어버리다	mất 멋	자다	ngủ 응우	작은	nhỏ 녀어
임금	tiền lương 띠엔 르엉	자동의	tự động 뜨 돔	작은 가구	dụng cụ nhỏ 줌 꾸 녀어
임산부	phụ nữ mang thai 푸 느으 망 타이	자동차	xe ô tô 쎄 오 또	작은 바	quầy bar nhỏ 꾸워이 바 녀어

잔돈	tiền thối 띠엔 토이	장화	giày ống 지아이 옴	전람회	triển lãm 찌엔 라암
잔돈 반환 레버	cần nhấn trả tiền đồng 껀 년 짜아 띠엔 돔	재고가 있다	tồn kho 똔 커	전망대	đài viễn vọng 다이 비엔 범
		재능이 뛰어난 여자	anh thư 아잉 트	전문점	tiệm chuyên môn 띠엠 쭈이엔 몬
잔디	bãi cỏ 바이 꺼어	재단	tài đoàn 따이 도안	전부	tất cả 떳 까아
잠그다	khóa 콰	재떨이	gạt tàn thuốc 갓 딴 투옥	전시회	hội chợ triển lãm 호이 쩌 찌엔 라암
잠깐	một tí 못 띠	재발행하다	phát hành lại 팟 하잉 라이	전신전보	điện tín 디엔 띤
잠시만	chỉ một chút thôi 찌이 못 쭛 토이	재봉틀	máy may 마이 마이	전자제품	đồ điện 도 디엔
잠옷	pi ja ma 삐 자 마	재즈	nhạc jazz 냑 쩨즈	전쟁	chiến tranh 찌엔 짜잉
잡아당기다	bong gân 봉 건	재즈 클럽	câu lạc bộ nhạc jazz 꺼우 락 보 냑 쩨즈	전차	xe điện 쎄 디엔
잡지	tạp chí thông tin 땁 찌 통 띤	재질	chất liệu 쩟 리에우	전통	truyền thống 쭈이엔 통
잡지	tạp chí 땁 찌	재채기하다	hắt hơi 핫 허이	전통 행사	những hoạt động truyền thống 느응 호앗 돔 쭈이엔 톰
잡화점	tiệm tạp hóa 띠엠 땁 화	잼	mứt 믓		
장(종이)	tấm 떰	저 나무	cây kia 꺼이 끼아	전화	điện thoại 디엔 토와이
장갑	găng tay 가앙 따이	저울	cái cân 까이 껀	전화 번호부	danh bạ điện thoại 자잉 바 디엔 토와이
장거리 전화	điện thoại đường dài 디엔 토와이 드엉 자이	적시다	nhấp 녑		
		적합한	hợp 헙	전화부스	hộp điện thoại 홉 디엔 토와이
장난감	đồ chơi 도 쩌이	전기 콘센트	ổ cắm điện 오오 깜 디엔	전화비	tiền điện thoại 띠엔 디엔 토와이
장난감 가게	tiệm bán đồ chơi 띠엠 반 도 쩌이	전등	đèn 덴	절	chùa chiền 쭈아 찌엔
장소	nơi 너이	전람회	buổi triển lãm 부오이 찌엔 라암	절	chùa 쭈아

184

점심밥	bữa ăn trưa 브아 안 쯔아	제복을 입은	đồng phục 동 푹	좀 더 작은	nhỏ hơn nữa 녀어 헌 느아
접다	xếp 쎕	제안	đề nghị 데 응이	좀 더 좋은	tốt hơn nữa 똣헌 느아
접대하다	tiếp tân 띠엡 떤	제안하다	đề án 데 안	좀 더 큰	lớn hơn nữa 런 헌 느아
접시	cái đĩa 까이 디아	조각	điêu khắc 디에우 칵	종교	tôn giáo 똔 지아오
접착제	chất keo dính 쩟 께오 징	조각가	nhà điêu khắc 냐 디에우 칵	종류	chủng loại 쭝 로와이
접하다	tiếp nối 띠엡 노이	조개	(con) sò (껀) 써	종이	giấy 지어이
젓가락 한 쌍	đôi đũa 도이 두아	조건	điều kiện 디에우 끼엔	종이 가방	túi giấy 뚜이 지어이
정가	giá cố định 쟈 꼬 딩	조교	trợ lý 쩌 리	종이돈	tiền giấy 띠엔 지어이
정각	giờ đã định 져 다아 딩	조깅하다	chạy bộ 짜이 보	종이컵	ly giấy 리 지어이
정류장	trạm xe 짬 쎄	조사하다	điều tra 디에우 짜	종자	hạt 핫
정복	trang phục chính thức 짱 푹 찡 특	조사하다	khảo sát 까오 쌋	종합 검진	khám tổng quát 캄 또옹 꾸왓
정사각형	hình vuông 힝 부옹	조사하다	kiểm tra 끼엠 짜	좋은 풍미	hương vị ngon 흐엉 비 응언
정상	đỉnh 디잉	조사하다	tìm kiếm 띰 끼엠	좌석	chỗ ngồi 쪼오 응오이
정오	giờ ngọ 져 응어	조용한	yên tĩnh 옌 띠잉	좌석 번호	số ghế 쏘 계
정원	vườn 브언	조용해라	hãy yên tĩnh 하이 옌 띠잉	좌석 예매	đặt chỗ ngồi 닷 쪼오 응오이
정지하다	dừng lại 증 라이	조카	cháu trai 짜우 짜이	좌석 요금	tiền chỗ ngồi 띠엔 쪼오 응오이
정치	chính trị 찡 찌	존중하다(~을)	tôn trọng (...cái gì) 똔 쩜 (... 까이 지)	좌석 번호	số ghế 쏘 계
젖다	đẫm ướt 더엄 으엇	졸린	buồn ngủ 부온 응우	좌회전 금지	cấm rẽ trái 껌 제에 짜이
젖은	ẩm ướt 어엄 으엇	좀 더 싼	rẻ hơn nữa 제에 헌 느아	좌회전하다	rẽ trái 제에 짜이

주	tuần 뚜원	주차장	bãi đậu xe 바이 더우 쎄	중형차	xe cỡ trung 쎄 꺼어 쭝
주다	trả 짜아	주차하다	đậu xe 더우 쎄	쥐	con chuột 껀 쭈옷
주름	vết nhăn 벳 냔	주황색	màu cam 마우 깜	즉석식품	thực phẩm ăn liền 특 퍼엄 안
주말	cuối tuần 꾸오이 뚜원	죽	cháo 짜오	즐거운	thoải mái 토와이 마이
주머니	túi 뚜이	준비하다	chuẩn bị 쭈원 비	즐거운	vui 부이
주문하다	đặt hàng 닷 항	준비하다	lấy sẵn 레이 싸안	증가 비용	phí tăng thêm 피 땅 템
주민 등록증	giấy chứng minh nhân dân 지어이 쯩 밍 년 전	줍다	lượm 르엄	증가하다	tăng 땅
		중간 즈음	khoảng giữa 코왕 지으아	증거	chứng cớ 쯩 꺼
주방	bếp 벱	중간의	chính giữa 찡 지으아	증정품	quà tặng 꾸아 땅
주부	nội trợ 노이 쩌	중간쯤	khoảng giữa 코왕 지으아	지갑	túi đựng tiền giấy 뚜이 등 띠엔 지어이
주사위	xúc xắc 쑥 싹	중고	đồ cũ 도 꾸우	지갑	ví 비
주소	địa chỉ 디아 찌이	중국	Trung Quốc 쭝 꾸옥	지구	trái đất 짜이 덧
주유소	trạm xăng 짬 쌍	중국 음식	món ăn Trung Quốc 먼 안 쭝 꾸옥	지구대	trạm cảnh sát 짬 까잉
주의하다	chú ý 쭈 이	중국산	sản phẩm Trung Quốc 싸안 펌 쭝 꾸옥	지도	bản đồ 바안 도
주인	chủ 쭈우			지방	địa phương 디아 프엉
주인공	nhân vật chính 년 벗 찡	중정	vườn bên trong 브언 벤 쫌	지방	mỡ 머어
주전자	ấm đun nước 엄 둔 느억	중태	bệnh trạng 벵 짱	지방	thôn quê 톤 꿰
주차 금지	cấm đậu xe 껌 더우 쎄	중학교	trường cấp hai 쯔엉 껍 하이	지붕	mái nhà 마이 냐
주차료	phí đậu xe 피 더우 쎄	중학생	học sinh cấp hai 헙 씽 껍 하이	지정석	ghế chỉ định 게 찌이 딩

지진	động đất 돔 덧	집	nhà 냐	채식주의자	người có chủ trương ăn chay 응어이 꺼 쭈우 쯔엉 안 짜이
지폐 계수기	đồng hồ đo phí 돔 호 더 피	집결지	nơi tập trung 너이 떱 쭝	책	sách 싸익
지하	ngầm 응엄	집으로 발송하다	chuyển phát tận nhà 쭈이엔 팟 떤 냐	처리하다	xử lý 쓰으 리
직사각형	hình chữ nhật 힝 쯔으 녇	짠(맛이)	muối mặn 무오이 만	처방	đơn thuốc 던 투옥
직업	nghề nghiệp 응예 니엡	짧은	ngắn 응안	처음	đầu tiên 더우 띠엔
직진하는	xe buýt đi thẳng 쎄 뷧 디 타앙	찐	hấp rồi 헙 조이	처음	lần đầu 런 더우
직항편	chuyến bay thẳng 쭈이엔 바이 타앙	**ㅊ**		천둥 번개	sấm sét 썸 섇
진단서	giấy chẩn đoán 지어이 쩌언 도안	차 꾸러미	gói trà 거이 짜	천식	bệnh suyễn 벵 쑤이엔
진료하다	khám 캄	차 멀미하다	say xe 싸이 쎄	천정	trần nhà 쩐 냐
진주	ngọc trai 응억 짜이	차단	sự phong tỏa 쓰 펑 또아	청결히 하다	làm đánh sạch 람 다잉 싸익
진통제	thuốc giảm đau 투옥 지암 다우	차로	đường xe chạy 드엉 쎄 짜이	청바지	vải jean 바이 진
진품	đồ thật 도 텃	차이나타운	khu Tàu 쿠 따우	청소하다	dập dẹp 덥 젭
진한	đậm 덤	착륙하다	hạ cánh 하 까잉	청소하다	lau chùi 라우 쭈이
질문	câu hỏi 꺼우 허이	찬	nguội 응우오이	체류 계획 기간	thời gian dự định tại trú 터이 쟌 즈 딩 따이 쭈
질문하다	đặt câu hỏi 닷 꺼우 허이	찬장	búp phê 붑 페		
짐	hành lý 하잉 리	참기름	dầu mè 저우 메	체온	thân nhiệt 턴 니엣
짐 꼬리표	nhãn hành lý 냐안 하잉 리	창가 자리	ghế phía bên cửa sổ 계 피아 벤 끄아 쏘오	체온계	đồ đo nhiệt độ cơ thể 도 더 니엣 도 꺼 테에
짐꾼	nhân viên khuân vác 년비엔 쿠원 박				
짐승	thú vật 투 벗	창문	cửa sổ 끄아 쏘오		

체질	thể chất	출구	cửa ra	취하다	say
	테에 쩟		끄아 자		싸이
체크아웃	trả phòng	출국세	thuế xuất cảnh	치과 의사	nha sĩ
	짜아 펌		투에 쑤윗 까잉		냐 씨이
체크인하다	nhận phòng	출국 카드	thẻ xuất cảnh	치료하다	chữa trị
	년 펌		테에 쑤윗 까잉		쯔아 찌
초	giây	출발 시간	giờ khởi hành	치마	váy
	지어이		져 커이 하잉		바이
초대하다	mời	출발 역	ga xuất phát	치마 한 벌	váy một mảnh
	머이		가 쑤윗 팟		바이 못 마잉
초등학교	trường cấp 1	출발하다	xuất phát	치아	răng
	쯔엉 껍 못		쑤윗 팟		장
초록불	đèn xanh	출생지	nơi sinh	치약	kem đánh răng
	덴 싸잉		너이 씽		껨 다잉 장
초록색	màu xanh lá cây		quản lý xuất	치질	bịnh trĩ
	마우 싸잉 라 꺼이	출입국 관리	nhập cảnh		빙 찌이
초밥(생선)	món sushi (cá sống)		꾸원 리 쑤윗	치통	đau răng
	먼 쑤시 (까 쏨)		녑 까잉		다우 장
초콜릿	sô cô la	출입구 쪽 좌	ghế phía bên lối đi	친구들	bạn bè
	쏘 꾜 라	석	계 피아 벤 로이 디		반 베
총	súng	출판사	nhà xuất bản	친절한	tử tế
	쑹		냐 쑤윗 바안		뜨우 떼
총계	tổng cộng	춤추다	nhảy múa	친척	họ hàng
	또옹 꼼		냐이 무아		호 항
촬영 금지	cấm chụp ảnh	춥다고	cảm thấy ớn lạnh	친한 친구	bạn thân
	껌 쭙 아잉	느끼다	까암 터이 언 라잉		반 턴
최근에	gần đây	충돌하다	xung đột	침대	giường
	건 데이		쑹 돗		지으엉
최저가	giá tiền thấp nhất	충전기	đồ sạc điện	침대 버스	xe giường nằm
	쟈 띠엔 텁 녇		도 싹 디엔		쎄 찌으엉 남
추운, 차가운	lạnh	충전하다	sạc điện	침대 요금	phí giường nằm
	라잉		싹 디엔		피 지으엉 남
축구	bóng đá	취소	sự hủy bỏ	침실	phòng ngủ
	범 다		쓰 후이 버어		펌 응우
축적하다	chất	취소 대기	chờ hủy bỏ	칫솔	bàn chải răng
	쩟		쩌 후이 버어		반 짜이 장
축제	lễ hội	취소하다	hủy bỏ		**ㅋ**
	레에 호이		후이 버어		

한국어	베트남어	한국어	베트남어	한국어	베트남어
카메라	máy chụp ảnh 마이 쭙 아잉	컴퓨터	máy vi tính 마이 비띵	클래식 음악	nhạc classic 냑 클라씩
카메라 숍	tiệm bán máy chụp ảnh 띠엠 반 마이 쭙 아잉	컵	cái ly 까이 리		
		케이블카	xe cáp 쎄 깝	타올	miếng vải gạc 미엥 바이 각
카운터	quầy lễ tân 꾸워이 레에 떤	케이크	bánh gatô 바잉 가또	타이어	lốp xe 롭 쎄
카탈로그 사진을 찍다	danh mục sản phẩm 자잉 묵 싸안 퍼엄	케첩	sốt cà chua 쏫 까 쭈아	탁상시계	đồng hồ để bàn 돔 호 데에 반
		코끼리	con voi 껀 버이	탄산음료	nước ngọt 느억 응엇
카페	tiệm bán cà phê 띠엠 반 까 페	코코넛	dừa 즈아	탄산이 없는	nước không có ga 느억 콤 꺼 가
카펫	tấm thảm 떰 타암	코코넛 워터	nước dừa 느억 즈아		
칵테일	cocktail 깍떼일	콘돔	bao cao su 바오 까오 쑤	탄산이 있는	nước có hơi ga 느억 꺼 허이 가
칸막이	chia phòng 찌아 펌	콘서트	nhạc hội 냑 호이	탄식하다	than phiền 탄 피엔
칼	con dao 껀 자오	콘센트	nút cắm điện 눗 깜 디엔	탈의실	phòng thay đồ 펌 타이 도
캄보디아	Campuchia 깜뿌찌아	콜라	coca 꼬까	탑	tháp 탑
캐리어	vali 바 리	콜렉트콜 (수신자 부담 전화)	cuộc gọi người nhận trả tiền 꾸옥 거이 응어이 년 짜아 띠엔	태국물	nước Thái Lan 느억 타이 란
캐시미어	len casơmia 렌 까쎠미아			태양	mặt trời 맛 쩌이
캔 따개	đồ mở hộp 도 머어 홉	크기	độ lớn 도 런	태운	đã đốt cháy 다아 돗 짜이
캠코더	máy quay video 마이 꾸와이 비디오	크기	kích thước 끽 트억	태풍	bão 바오
커튼	màn cửa 만 끄아	크루아상	bánh sừng bò 바잉 쑹 버	택시	xe taxi 쎄 딱씨
커피	cà phê 까 페	크루즈 여행	tàu du lịch 따우 주 릭	택시 정류장	bến xe taxi 밴 쎄 딱씨
컬러 영화	phim màu 픰 마우	큰	to 떠	턱	cái cằm 까이 깜

E

189

테니스	tennis 떼니쓰	통행료	đường tốn phí 드엉 똔 피	팁	tiền tip 띠엔 띱
테니스 공	banh tennis 바잉 떼니쓰	통화 신고	khai báo tiền tệ 카이 바오 띠엔 떼	**ㅍ**	
테니스장	sân chơi tennis 썬 쩌이 떼니쓰	퇴실 시간	giờ trả phòng 지어 짜아 펌	파도타기	môn lướt sóng 몬 르엇 송
테이블	cái bàn 까이 반	투숙하다	trọ lại 쩌 라이	파리	con ruồi 껀 주오이
테이프	băng dán 방 잔	투어	tour du lịch 뚜어 주 릭	파티	buổi tiệc 부오이 띠엑
테이프	băng keo trong 방 께오 쫑	튀겼다	đã chiên 다아 찌엔	판매대	quầy 꾸워이
텔레비전	tivi 띠비	트랙	cự ly chạy 끄 리 짜이	판매원	nhân viên bán hàng 년 비엔 반 항
토끼	(con) thỏ (껀) 터어	트렁크	thùng xe 툼 쎄	팔다	bán rẻ 반 제에
토마토	cà chua 까 쭈아			패스트푸드	thức ăn nhanh 특 안 냐잉
토스트	bánh mì nướng 바잉 미 느엉	트레이닝 룸	phòng tập thể dục thẩm mỹ 펌 떱 테 줍 터엄 미이	팬	cổ động viên 꼬오 돔 비엔
토종인	dân bản xứ 전 바안 쓰			팬더	gấu trúc 거우 쭉
토하다	ói mửa 어이 므아	특급 배송	chuyển phát nhanh 쭈이엔 팟 냐잉	펑크나다	bị châm thủng 비 쩜 투웅
토하다	ói 어이	특보	sự kiện đặc biệt 쓰 끼엔 닥 비엣	펜	bút mực 붓
통마늘	củ tỏi 꾸우 떠이	특산품	đặc sản 닥 싸안	편도	một chiều 못 찌에우
통보하다	thông báo 통 바오	특실	phòng đặc biệt 펌 닥 비엣	편도 티켓	vé một chiều 베 못 띠에우
통신하다	thông tin 통 띤	특이한	không bình thường 콤 빙 트엉	편리한	tiện lợi 띠엔 러이
통조림 식품	thực phẩm đóng hộp 특 퍼엄 덤 홉	특징	đặc trưng 닥 쯍	편명	tên chuyến 땐 쭈이엔
				편명 안내	hướng dẫn số hiệu 흐엉 저언 쏘 히에우
통증	đau 다우	티켓	vé 베	편물	dệt len 젯 랜

편안한	dễ chịu 제에 찌우
편안한	thoải mái 토와이 마이
편의점	cửa hàng tiện lợi 끄아 항 띠엔 러이
편지	lá thư 라 트
편지지	giấy viết thư 지어이 비엣 트
편집하다	chỉnh sửa 찌잉 쓰아
평균	bình quân 빙 꾸원
평일	ngày thường 응아이 트엉
평화	hòa bình 화 빙
폐렴	viêm phổi 비엠 포이
폐업	đóng cửa tiệm 동 끄아 띠엠
폐장 시간	giờ đóng cửa 져 동 끄아
포기하다, 버리다	vất bỏ 벗 버어
포스기	máy tính tiền 마이 띵 띠엔
포장마차	quán nhậu 꾸완 녀우
포장지	bao bì 바오 비
포장하다	mua mang về 무아 망 베
포크	nĩa 니아
포함하다	gồm 곰

폭동을 일으 키다	bạo động 바오 돔
폭포	ngọn thác 응언 탁
폴리에스테르	nhựa polyester 느아 뽀리에스뗄
표	vé 베
표기하다	ghi lại 기 라이
표백제	thuốc tẩy trắng 투옥 떠이 짱
표본	bảng biểu 바앙 비에우
푸른색	màu xanh 마우 싸잉
푹 삶은	luộc chín 루옥 찐
푼돈	tiền lẻ 띠엔 레에
풀	hồ dán 호 잔
품절되다	hết hàng 햇 항
품질	phẩm chất 퍼엄 쩟
풍경이 좋은 범위	tầm ngắm tốt 떰 응암 똣
풍경화	tranh phong cảnh 짜잉 펑 까잉
풍미	hương vị 흐엉 비
프라이빗	phòng riêng 롬 펌 지엥
프랑스 음식	món ăn Pháp 먼 안 팝
프로그램	chương trình 쯔엉 찡

플레쉬	đèn flash 덴 플래쉬
플레쉬 금지	cắm không được dùng đèn flash 깜 콤 드억 줌 덴 플래쉬
피	máu 마우
피곤한	mệt mỏi 멧 머이
피를 흘리다	chảy máu 짜이 마우
피멍	vết thâm 벳 텀
피부	da 자
피아노	piano 삐아노
피팅룸	phòng thử đồ 펌 트으 도
필수 불가결한	cần thiết 껀 티엣

ㅎ

하나	một cái 못 까이
하늘	bầu trời 버우 쩌이
하드웨어	phần cứng 펀 꿍
하루	một ngày 못 응아이
하루 중 첫 배 편	chuyến tàu đầu tiên trong ngày 쭈이엔 따우 더우 띠엔 종 응아이
하루의	của một ngày 꾸아 못 응아이

191

하품하다	ngáp 응압	한 장	một tấm 못 떰	항상	luôn luôn 루온 루온
학교	trường học 쯔엉 헙	할머니	bà 바	항해하다	hàng hải 항 하이
학비	tiền học 띠엔 헙	할부금	tiền trả góp 찌엔 짜아 겁	해변	bờ biển 버 비엔
학생	học sinh 헙 씽	할아버지	ông 옴	해변 쪽	phía biển 피아 비엔
학생증	thẻ học sinh 테에 헙 씽	할인매장	tiệm bán giá rẻ 띠엠 반 쟈 제에	해석하다	phiên dịch 피엔 직
한국	Hàn Quốc 한 꾸옥	할인 티켓	vé giảm giá 베 지암 쟈	해설하다	biện giải 비엔 지아이
한국 대사관	đại sứ quán Hàn Quốc 다이 쓰 꾸완 한 꾸옥	할인하다	giảm giá 지암 쟈	해수욕장	bãi tắm biển 바이 땀 비엔
한국 사람	người Hàn 응어이 한	함께	cùng với 꿈 버이	해열제	thuốc giải nhiệt 투옥 지아이 니엣
한국어	tiếng Hàn 띠엥 한	합류 지점	nơi họp lưu 너이 헙 르우	해외여행	du lịch nước ngoài 주 릭 느억 응오아이
한국 음식	món ăn Hàn 먼 안 한	합의하다	thương thảo 트엉 타오		
한국으로 연락하는 곳	nơi liên lạc tại Hàn 너이 리엔 락 따이 한	항공사	hãng hàng không 하앙 항 콤	해충	sâu bọ 써우 버
				해협	eo biển 에오 비엔
한나절	nửa ngày 느아 응아이	항공 우편	thư gửi bằng máy bay 트 그으이 방 마이 바이	핸들	tay lái 따이 라이
한도	mức độ 믁 도			햄버거	món thịt hamburger 먼 팃 햄버거
한 벌	một bộ 못 보	항공편으로 보내다	gửi bằng hàng không 그으이 방 항 콤		
한 벌	bộ 보			햇볕에	cháy nắng 짜이 낭
한 쌍	một cặp 못 깝	항구	bến tàu 벤 따우	햇볕이 비추는	nắng 낭
한약	thuốc bắc 투옥 박	항구의 세관	hải quan 하이 꾸완	행운	may mắn 마이 만
한 잔	một ly 못 리	항상	hàng ngày 항 응아이	향	mũi 무이

192

한국어	베트남어	한국어	베트남어	한국어	베트남어
향기	hương thơm 흐엉 텀	호수	số hiệu 쏘 히에우	화학	hóa học 화 헙
향수	nước hoa 느억 화	호출 벨을 누르다	nút bấm gọi 눗 범 거이	확대하다	khuếch đại 쿠위엑 다이
향이 강한	rất thấm gia vị 젓 텀 지아 비	호텔	khách sạn 카익 싼	확인	sự xác nhận 쓰 싹 년
허가하다	cho phép 쩌 펩	호텔 명부	danh sách khách sạn 자잉 싸익 카익 싼	확인하다	xác nhận 싹 년
허리	eo lưng 에오 릉			환경	môi trường 모이 쯔엉
허리	eo 에오	호흡	hơi thở 허이 터어	환경 파괴	phá hoại môi trường 파 호와이 모이 쯔엉
헬리콥터	máy bay trực thăng 마이 바이 쯕 탕	혼잡한	hỗn tạp 호온 땁		
		홍조	nổi mẩn 노이 머언	환불 품목	trả lại mặt hàng này 짜아 라이 맛 항 나이
허	cái lưỡi 까이 르어이	홍차	hồng trà 홍 짜		
현금	tiền mặt 띠엔 맛	화가	họa sĩ 화 씨이	환승	chuyển tiếp 쭈이엔 띠엡
현기증이 나다	chóng mặt 쩡 맛	화내다	giận 지언	환승센터	quầy chuyển tiếp 꾸워이 쭈이엔 띠엡
현상	hiện tượng 히엔 뜨엉	화산	núi lửa 누이 르아	환율	tỉ số hối đoái 띠이 쏘 호이 도와이
현지 시간	giờ địa phương 져 디아 프엉	화상	bỏng 버엄	환자	bệnh nhân 뱅 년
혈압	huyết áp 후이엣 압	화상	bức chân dung 븍 쩐 줌	환전 영수증	giấy chứng nhận đổi ngoại tệ 지어이 쯩 년 도이 응오아이 떼
혈액형	nhóm máu 념 마우	화장실	cầu tiêu 꺼우 띠에우		
형제	anh em 아잉 엠	화장실	nhà vệ sinh 냐 베 씽	환전소	nơi đổi ngoại tệ 너이 도이 응오와이 떼
형제자매	anh chị em 아잉 찌 엠	화장지	giấy vệ sinh 지어이 베 씽	환전하다	đổi tiền 도이 띠엔
호박	bí 비	화장품	mỹ phẩm 미이 퍼엄	환호하다	hoan hô 호완 호
호박	hổ phách 호오 파익	화장품 회사	hãng mỹ phẩm 하앙 미이 퍼엄	회	cá sống 까 쏨

회사원	nhân viên công ty 년 비엔 꼼 띠	휴대폰	điện thoại di động 디엔 토와이 지 돔
회원권	thẻ hội viên 테에 호이 비엔		
회의	hội nghị 호이 응이	휴대품 보관소	phòng giữ đồ 펌 지으 더어
회화(그림)	hội họa 호이 화	휴일	ngày nghỉ 응아이 응이
횡단보도	vạch ngăn băng qua đường 바익 응안 방 꾸아 드엉	흐린 색	màu nhạt 마우
		흡연 구역	nơi hút thuốc lá 너이 훗 투옥 라
효과적인	hiệu quả 히에우 꾸아	흡연 좌석	chỗ ngồi hút thuốc được 쪼오 응오이 훗 투옥 드억
유효 기간	thời gian có hiệu lực 터이 쟌 꺼 히에우 륵		
		흡연하다	hút thuốc lá 훗 투옥 라
후두염	bệnh viêm hạch cuống họng 벵 비엠 하익 꾸옹 험	흥분하다	hưng phấn 흥 펀
		흥취	thú vui 투 부이
후추	tiêu 띠에우	희귀한	hiếm có 히엠 꺼
후회하다	hối hận 호이 헌	희극	hài kịch 하이 끽
훈제하다	hun khói 훈 커이	흰색	màu trắng 마우 짱
휠체어	xe lăn 쎄 란		
휠체어용 화장실	nhà vệ sinh dành cho xe lăn 냐 베 씽 장 쩌 쎄 란		

그외

1인용	cho một người 쩌 못 응어이
1일권	vé một ngày 베 못 응아이
1층	tầng một 떰 못
24시간 운영	mở cửa 24 giờ 머어 끄아 하이므어 이 본 져
2층	tầng hai 떵 하이
2층 앞쪽 좌석	ghế tầng hai phía trước 계 떵 하이 피아 쯔억
2층석	ghế tầng hai 계 떵 하이
CD가게	tiệm bán CD 띠엠 반 씨디
CD가게	tiệm bán đĩa nhạc 띠엠 반 디아 냑

단어장

Vietnamese ⟶ Korean

A		bàn chải răng 반 짜이 장	칫솔	bao thư 바오 트	봉투
âm ấp 엄 압	따뜻한	ban đêm 반 뎀	저녁	bao tử 바오 뜨으	위
âm nhạc 엄 냑	음악	bản đồ 반 도오	지도	bay du lịch 바이 주 릭	비행 여행
ăn búp phê (ăn buffet) 안 붑 페 (안 부펫)	뷔페를 먹다	bản đồ mạng lưới tàu điện 반 도오 망 르어이 따우 디엔	노선표	bề mặt 베 맛	지역
ánh sáng 아잉 쌍	빛	bản đồ thành phố 반 도 타잉 포	도시 지도	bệnh suyễn 쑤이엔	천식
an toàn 안 또안	안전	bảng giá 바앙 쟈	가격표	bệnh viện 벵 비엔	병
ăn trộm 안 쫌	도둑	bảng giải thích 바앙 지아이 틱	설명표	bên ngoài 벤 응오아이	바깥쪽
áo khoác 아오 코악	외투	bằng lái quốc tế 방 라이 꾸옥 떼	국제 면허증	bên phải 벤 파이	왼쪽
áo phao cấp cứu 아오 파오 껍 끄우	구명조끼	băng quấn vết thương 방 꾸언 벳 트엉	밴드	bên trái 벤 짜이	오른쪽
B				bến xe buýt 벤 쩨 빗	버스 정류장
bác 박	아저씨	bán rẻ 반 제에	팔다	bến xe taxi 벤 쎄 딱씨	택시 정류장
bạc 박	은	bàn ủi 반 우이	다리미	bếp 벱	부엌
bác sĩ 박 씨이	의사	bao 바오	싸다	bia 비아	맥주
bãi đậu xe 바이 더우 쎄	주차장	báo chí 바오 찌	언론 매체	biển 비엔	바다
bẩn 버언	더러운	báo hiểm 바오 히엠	보험	biên lai 비엔 라이	영수증
				biên lai thanh toán 비엔 라이 타잉 또안	결제 영수증

bí mật 비 멋	비밀	cái bàn 까이 반	책상	cảnh báo 까잉 바오	경보
bị nạn trộm cắp 비 난 쫌 깝	도둑맞다	cái cằm 까이 깜	턱	cảnh sắc 까잉	경치
bình thường 빙 트엉	일반적으로	cái cân 까이 껀	저울	cảnh sát 까잉	경찰
bị thương 비 트엉	상처입다	cái đầu 까이 더우	머리	cao 까오	높은
bơi 버이	수영하다	cái dĩa 까이 지아	접시	cà phê 까 페	커피
bón 번	비료	cái dù 까이 주	우산	câu lạc bộ ban đêm 꺼우 락 보 반 댐	야간 동아리
bỏng 버엉	화상	cái gối 까이 고이	베개	cầu thang 꺼우 탕	사다리
bông 봄	꽃	cái kéo 까이 께오	가위	cầu thủ bóng chày chuyên nghiệp 꺼우 투우 범 짜이 쭈이엔 응이엡	프로 야구 방망이
bóng chày 봄 짜이	야구	cái ly 까이 리	컵		
bữa ăn 브아 안	식사	cái muỗng 까이 무옹	숟가락	cầu tiêu 꺼우 띠에우	화장실
bữa ăn sáng 브아 안 쌍	아침 식사	cảm 까암	감기 들다	cà vạt 까 밧	넥타이
buổi sáng 부오이 쌍	아침에	cấm chụp ảnh 껌 쭙 아잉	촬영 금지	cây gai 꺼이 가이	모시풀
buổi triển lãm 부오이 찌엔 라암	전람회	cấm đậu xe 껌 더우 쎄	주차 금지	chậm rãi 쩜 자이	여유 있는
buồn 부온	슬픈	cấm hút thuốc 껌 훗 투옥	금연	chân 쩐	발
bưu điện 브우 디엔	우체국	cấm không cho lưu thông 껌 콤 쩌 르우 통	유통 금지	chăn 짠	담요
bưu thiếp 브우 티엡	우편엽서			chất lỏng 쩟 럼	액체의
C		cấm không được dùng đèn flash 깜 콤 드억 줌 댄 플 레쉬	플레쉬 사용 금지	chạy 짜이	달리다
				chảy máu 짜이 마우	피를 흘리다
các mặt hàng phải khai báo 깍 맛 항 파이 카이 바오	모든 품목 을 신고하 다	cạn 깐	얕은	chích 찍	바늘로 찌르다

chiếc nhẫn 찌엑 녀언	반지	chuyến tàu sớm nhất trong ngày 편쭈이옌 따우 썸 냣 쫑 응아이	하루 중 가장 빠른 배	copy 꺼삐	복사하다
chiều cao 찌에우 까오	고지	chú ý khi sử dụng 쭈 이 키 쓰으 줌	사용시 주의	cơ thể 꺼 테에	할 수 있는
chín 찐	요리된	cô 꼬	고모, 이모	cũ 꾸우	옛날의
chi phí đi tour 찌 피 디 뚜어	여행 경비	cổ 꼬오	목	của địa phương (đó) 꾸아 디아 프엉 (더)	지방의(그)
chợ 쩌	시장	cổ chân 꼬오 쩐	발목	cửa hàng 끄아 항	상점
chó 쩌	개	cocktail 깍떼일	칵테일	cửa hàng bách hóa 끄아 항 바익 화	백화점
chơi 쩌이 쪼오 응오이	좌석	có gía 꺼 쟈	가치있는	cửa hàng miễn thuế 끄아 항 미엔 퉤	면세점
chỗ ngồi hút thuốc được 쪼오 응오이 훗 투옥 드억	흡연 가능 좌석	cơm chiều 껌 찌에우	저녁	cửa hàng tiện lợi 끄아 항 띠엔 러이	편의점
chua 쭈아	신	con chim 껀 찜	새	cửa ra 끄아 자	출구
chùa 쭈아	절	con đường 껀 드엉	길	cửa thoát hiểm 끄아 토앗 히엠	비상구
chữa trị 쯔아 찌	치료하다	con gái 껀 가이	여자	cửa vào 끄아 바오	입구
chung cư 쭝 끄	아파트	công diễn 꽁 지엔	공연하다	củ cải 꾸우 까이	무
chuông đánh thức buổi sáng 쭈옹 다잉 특 부오이 쌍	자명종	cổng lên máy bay 꼬옹 렌 마이 바이	비행기 탑승 게이트	củ cà rốt 꾸우 까 쫏	당근
chương trình 쯔엉 찡	프로그램	công ty 꼼 띠	회사	cúm influenza 꿈 인플루엔자	독감
chú ý 쭈 이	주의하다	công việc 꼼 비엑	일	cuộc gọi người nhận trả tiền 꾸옥 거이 응어이 년 짜아 띠엔	계산원과 통화하다
chuyển phát nhanh 쭈이옌 팟 냐잉	특급 우편	con mèo 껀 메오	고양이	cúp điện 꿉 디엔	단전하다
chuyến tàu cuối cùng 쭈이옌 따우 꾸오이 꿈	마지막 배편	con muỗi 껀 무오이	모기	củ tỏi 꾸우 떠이	통마늘
		con trai 껀 짜이	남자	**D**	

da 자	피부	đau bụng 다우 붐	복통	dịch vụ bưu điện 직 부 브우 디엔	우편
đặc biệt 닥 비엣	특별한	đau đầu 다우 더우	두통	điện thoại 디엔 토와이	전화기
đặc sản 닥 싸안	특산물	dầu gội 저우 고이	샴푸	diên thoại di động 디엔 토아이 지 돔	휴대 전화
dài 자이	긴	đậu hũ 더우 후우	두부	điện thoại đường dài 디엔 토와이 드엉 자이	공중전화
đại sứ quán 다이 쓰 꽌	대사관	dầu xả 저우 싸아	린스
đại sứ quán Hàn Quốc 다이 쓰 꽌 한 꾸옥	한국 대사관	dày 자이	두꺼운	điên thoại nội thành 디엔 토와이 노이 타잉	시내 전화
đại thánh đường 다이 타잉 드엉	대성당	đẩy 더이	밀다
dấm 점	식초	dây an toàn 저이 안 또완	안전벨트	điện tín 디엔 띤	전신 전보
đang mở cửa 당 머어 끄아	열려있는	dây chuyền 저이 쭈이엔	목걸이	điều tra 디에우 짜	조사하다
đang nắng 당 낭	해가 쨍쨍한	đến 덴	도착하다	di tích 지 띡	유적
đang sử dụng 당 쓰으 줌	사용 중인	đến 덴	~가 되다	dị ứng 지 응	알레르기
danh sách rượu vang 자잉 싸익 즈어우 방	레드 와인 책자	đèn 덴	전등	đồ giả 도 지아	가짜
		đẹp 뎁	아름다운	đồ gỗ gia dụng 도 고오 지아 줌	가구
danh thiếp 자잉 티엡	명함	dễ thương 제에 트엉	귀여운	đồ gốm 도 곰	도자기류
đá quý 다 뀌	보석	dễ vỡ 제에 버어	깨지기 쉬운	đôi giày 도이 지아이	신발
đất 덧	땅	địa chỉ 디아 찌이	주소	đổi tiền chính thức 도이 띠엔 찡 특	공식 환전
đặt trước 닷 쯔억	예매하다	địa chỉ liên lạc 지아 찌이 리엔 락	연락처	đồ mở nắp chai 도 머어 납 짜이	병따개
dầu 저우	기름	địa phương 디아 프엉	지방	đóng cửa 덤 끄아	문을 닫다
đau 다우	통증	đi câu 디 꺼우	낚시질 하다	đồng hồ 돔 호	시계

đồng hồ báo thức 돔 호 바오 특	알람	**G**		giấy khai hải quan 지어이 카이 하이 꾸완	세관 신고서
đơn giản 던 지안	간단한	gạo 가오	쌀	giấy tờ 지어이 떠	서류
đóng lại 덩 라이	엉키다	gặp 갑	만나다	gió 져	바람
đơn thuần 던 투원	단순한	gấp gáp 겁 갑	긴급한	giờ đã định 져 다아 딩	정각
đơn thuốc 던 투옥	처방	gạt tàn thuốc 갓 딴 투옥	재떨이	giờ địa phương 져 디아 프엉	현지 시각
đồ thủ công mỹ nghệ 도오 투우 꽁 미이 응에	수공예품	ga xuất phát 가 쑤윗 팟	출발역	giờ đóng cửa 져 덤 끄아	폐장 시간
đồ trang sức 도 짱 쏙	귀중품	ghế cấm hút thuốc 계 껌 훗 투옥	금연 좌석	giới tính 져이 띵	성별
đồ vật quý giá 도 벗 꾸이 쟈	장식품	ghế chỉ định 계 찌이 딩	지정석	giờ khởi hành 져 커이 하잉	출발 시간
đũa 두아	젓가락	ghế đã có đặt trước 석 계 다아 꺼 닷 쯔윅	선예매	giờ lên tàu 져 렌 따우	승선 시간
dự báo thời tiết 즈 바오 터이 띠엣	일기 예보	ghế ngồi tự do 계 응오이 뜨 저	자유석	giờ mở cửa (buôn bán) 져 머 끄아 (부온 반)	개장 시간 (장사)
dự định 즈 딩	계획	giá cả 쟈 까아	가격	giờ tự do 져 뜨 저	자유 시간
dự đoán 즈 도완	예정하다	gia đình 쟈 딩	가족	giữ 지으	유지하다
du lịch 주 릭	여행	giảm giá 지암 쟈	할인하다	giường 지으엉	침대
du lịch nước ngoài 주 릭 느윅 응오아이	해외여행	giá tiền thấp nhất 지아 띠엔 텁	최저가	giường phụ 지으엉 푸	보조 침대
dùng cho trẻ em 줌 쩌 쩨에 엠	유아용	giặt ủi 지앗 우이	세탁하다	góc 걱	모퉁이
đường 드엉	길	gia vị 쟈 비	양념하다	gọi điện thoại 거이 디엔 토와이	전화를 걸다
đường sắt 드엉 쌋	기찻길	giấy 지어이	종이	gọi món 거이 먼	음식을 주문하다
E		giấy chứng tai nạn 지어이 쯩 따이 난	사고 증명서	gói nhỏ 거이 녀어	소포
em bé sơ sinh 엠 베 써 씽	신생아	giấy chứng trao đổi 지어이 쯩 짜오 도이	교환 증명서	gửi 그으이	보내다

gương soi 그엉 써이	거울	hồng trà 홍 짜	홍차	khăn tay 칸 따이	손수건
H		hộp giữ tiền 홉 지으 띠엔	금고	khó khăn 커 칸	어려운
hải quan 하이 꾸완	항구의 세 관	họ tên 호 뗀	이름	không có chất phụ liệu 콤 꺼 쩟 푸 리에우	부자재 없 음
hàng miễn thuế 항 미엔 퉤	면세품	hương sen 흐엉 쎈	샤워기		
hành lang 하잉 랑	복도	huyết áp 후이엣 압	혈압	không ngon 콤 응언	맛없는
hành lý xách tay 하잉 리 싸익 따이	수하물	**K**		không nhuốm màu 콤 뉴옴 마우	염색이 되지 않은
hát 핫	가극	kẹo 께오	사탕	khu vực 쿠 븍	구역
hết hàng 헷 항	품절되다	kéo 께오	가위	khuỷu tay 쿠이우 따이	팔꿈치
hiếm có 히엠 꺼	희귀한	kẹo cao su 께오 까오 쑤	껌	kích thước 끽 트억	치수
hiệu quả 히에우 꾸아	효과	kéo dài thời gian 께오 자이 터이 잔	지연되다	kịch trường 끽 쯔엉	극장
hiệu sách 히에우 싸익	서점	két sắt 껫 삿	금고	kiểm tra nhập quốc 끼엠 짜 녑 꾸옥	입국 심사
hiệu thuốc 히에우 투옥	약국	khác 칵	다른	kính 낑	안경
hình ảnh 힝 아잉	영상	khách 카익	손님	kính nhuộm màu 낑 뉴옴 마우	착색유리
hộ chiếu 호 찌에우	여권	khách sạn 카익 싼	호텔	kỷ niệm 끼어 니엠	기념
học sinh 헙 씽	학생	khai báo 카이 바오	선언하다	ký tên 끼 뗀	서명하다
hồ dán 호 잔	풀(바르는)	khăn 칸	수건	**L**	
hôm nay 홈 나이	오늘	khả năng 카아 낭	가능	lái xế 라이 쎄	운전하다
hôm qua 홈 꾸아	어제	khăn choàng cổ 칸 쪼앙 꼬오	머플러	làm bằng tay 람 방 따이	수작업
hòm thư 험 트	사서함	khăn tắm 칸 땀	목욕 수건	lạnh 라잉	추운

lá thư 라 트	편지	máu 마우	색	miễn phí 미엔 피	공짜
lễ hội 레에 호이	축제	mẫu 머우	모델	miễn thuế 미엔 퉤	면세하다
len 렌	오르다	màu đỏ 마우 더어	빨간색	móc túi 먹 뚜이	주머니를 뒤지다
lên tàu 렌 따우	승선하다	màu sắc 마우 싹	색	mở cửa 24 giờ 머어 끄아 하이므어이 본 져	24시간 열다
leo lên 레오 렌	올라가다	màu trắng 마우 짱	흰색	mới 머이	새로운
leo núi 레오 누이	등산하다	màu xanh 마우 싸잉	푸른색	mời 머이	초대하다
lễ phép 레에 펩	공손	máy bán tự động 마이 반 뜨 돔	자동 판매 기	món ăn 먼 안	음식
lệ phí 레 피	비용	máy bay 마이 바이	비행기	mỏng 머엄	얇은
liên lạc 리엔 락	연락	máy chụp ảnh 마이 쭙 아잉	카메라	môn võ karate 몬 버어 까라떼	가라테
lông mày 롬 마이	눈썹	máy chụp ảnh kỹ thuật số 마이 쭙 아잉 끼이 투윗 쑈	디지털 카메 라	mở ra 머어 자	열다
lụa 루아	비단			một bộ 못 보	한 벌
lưỡi dao cạo 르어이 자오 까오	면도칼	máy điều hòa 마이 디에우 화	에어컨	mũ 무	모자
ly giấy 리 지어이	종이컵	máy fax 마이 팩스	팩스기	mưa 므아	비
M		máy sấy tóc 마이 써이 떡	드라이기	mua 무아	사다
mái nhà 마이 냐	지붕	máy sưởi 마이 쓰어이	히터	múa 무아	춤추다
màn cửa 만 끄아	커튼	máy vi tính 마이 비 띵	컴퓨터	mùa 무아	계절
mạng internet 망 인떠넷	인터넷	mềm 멤	부드러운	mua sắm 무아 쌈	구매하다
mật khẩu 멋 커우	암호	mệt mỏi 멧 머이	피곤한	mục đích 묵 딕	목적
mat-xa 맛 싸	마사지	mì 미	면	muối 무오이	소금

N

nặng 낭	무거운
ngắn 응안	짧은
ngân hàng 응언 항	은행
ngày hôm đó 응아이 홈 더	당일
ngày kia 응아이 끼아	모레
ngày kỷ niệm 응아이 끼이 니엠	기념일
ngày mai 응아이 마이	내일
ngày sinh nhật 응아이 씽 녓	생일
ngày xưa 응아이 쓰아	옛날
ngày xuất phát 응아이 쑤웟 팟	출발일
nghề nghiệp 응예 니엡	직업
nghỉ 응이이	쉬다
ngon 응언	맛있는
ngón tay 응언 따이	손가락
ngôn từ 응온 뜨	글말
ngọt 응엇	(맛이) 단
người lớn 응어이 런	대인
nguy hiểm 응위 히엠	위험

nhà 냐	집
nhà ăn 냐 안	식당
nhà ga 냐 가	역
nhà hàng 냐 항	음식점
nhanh 냐잉	빠른
nhận lấy 년 레이	받잡다
nhận phòng 년 펌	체크인하다
nhân viên hướng dẫn 년 비엔 흐엉 저언	안내원
nhân viên phục vụ 년 비엔 푹 부	서비스 직원
nhà thờ 냐 터	교회
nhà vệ sinh 냐 베 씽	화장실
nhảy disco 냐이 디스꼬	디스코텍
nhẹ 네	가벼운
nhiệt độ 니엣 도	온도
nhiệt kế 니엣 께	온도계
nhóm máu 념 마우	혈액형
Noel 노엘	산타
nói 너이	장소
nơi bán vé 너이 반 베	매표소

nơi đến 너이 덴	목적지
nơi đổi ngoại tệ 너이 도이 응오아이 떼	환전소
nơi hướng dẫn 너이 흐엉 저언	안내소
nơi hướng dẫn du lịch 너이 흐엉 저언 주 릭	여행 안내소
nơi quản lý đồ thất lạc 너이 꾸완 리 도 텃 락	분실물 센터
nổi tiếng 노이 띠엥	유명한
nóng 넘	더운
nữ giới 느으 져이	여자
núi 누이	산
nước 느억	물
nước canh 느억 까잉	수프
nước có hơi ga 느억 꺼 허이 가	탄산이 있는
nước đá 느억 다	얼음
nước không có ga 느억 콤 꺼 가	탄산이 없는
nước sôi 느억 쏘이	끓는 물
nước suối 느억 쑤오이	샘
nước uống 느억 우옹	마실 물
nút bấm rửa 눗 범 즈아	벨을 누르다

O

ói mửa 어이 므아	토하다
ồn ào 온 아오	시끄러운
ống hút 옹 훗	빨대
ớt 엇	고추

P

phát hành lại 팟 항 라이	재발행
phát nhiệt 팟 니엣	발열성의
phẫu thuật 퍼우 투	수술
phía bắc 피아 박	북쪽
phía bên cửa sổ 피아 벤 끄아 쑈	창가
phía đông 피아 돔	동쪽
phía dưới 피아 즈어이	밑쪽
phía Tây 피아 떠이	서쪽
phía trên 피아 쩬	위쪽
phí bưu điện 피 브우 디엔	우편비
phí điện thoại 디엔 토와이	통신비
phiên dịch 피엔 직	해설하다
phí giao thông 피 지아오 톰	교통비

phim 핌	영화
phí phục vụ 피 푹 부	서비스비
phí riêng 피 지엥	별도 비용
phí vào cổng 피 바오 꼬옹	입장료
phó mặc 포 막	맡기다
phòng 펌	방
phòng chờ 펌 쩌	대기실
phòng đôi 펌 도이	더블 룸
phòng nghỉ 펌 응이	객실
phục vụ tại phòng 푹 부 따이 펌	룸서비스

Q

quà lưu niệm 꾸아 르우 니엠	기념품
quần 꾸언	바지
quán bar 꾸완 바	술집
quảng cáo 꾸왕 까오	광고
quan khách 꾸완 카익	관객
quán nước 꾸완 느억	카페, 술집
quán rượu 꾸완 즈어우	술집
quà tặng 꾸아 땅	증정품

quầy lễ tân 꾸워이 레에 떤	카운터
qui tắc 꾸이 딱	규칙
quốc lập 꾸옥 럽	국립의
quốc tịch 꾸옥 띳	국적

R

radio 자디오	라디오
răng 장	치아
rẻ 제에	쉬운
riêng biệt 지엥 비엣	별개의
rộng rãi 좀 자이	넓은
rò rỉ 저 지이	새어 나가다
rửa 즈아	씻다
rửa ảnh 즈아 아잉	형상하다
rượu 즈어우	술

S

sách 싸익	책
sách hướng dẫn 싸익 흐엉 저언	안내 책자
sân bay 썬 바이	공항
sáng sủa 쌍 쓰아	빛나는

베트남어	한국어	베트남어	한국어	베트남어	한국어
sắp xếp 쌉 쎕	배치하다	sự thèm ăn 쓰 템 안	비위	thân nhiệt 턴 니엣	체온
sâu 써우	곤충	**T**		thất lạc 텃 락	잃어버린
sâu bọ 써우 버	곤충	tai nạn 따이 난	사고	thế giới 테 져이	세계
séc du lịch 쎅 주 릭	여행자 수표	tai nạn giao thông 따이 난 지아오 톰	교통사고	thẻ nhập cảnh 테에 녑 까잉	입국 카드
siêu thị 씨에우 티	수표	tấm séc 떰 쌕	수표	theo kiểu Tây phương 테오 끼에우 떠이 프엉	서양식
số 쏘	숫자	tấm thảm 떰 타암	양탄자	thẻ tín dụng 테에 띤 줌	신용 카드
sở cảnh sát 써어 까잉 쌋	경찰서	tàu hỏa 따우 호아	기차	thẻ xuất cảnh 테에 쑤읏 까잉	비자 카드
số điện thoại 쏘 디엔 토와이	전화번호	tàu tốc hành 따우 똑 하잉	급행열차	thiết kế 티엣 께	설계하다
số ghế 쏘 계	좌석 번호	tay 따이	손	thiếu máu 티에우 마우	빈혈
số hẹn 쏘 핸	예약 번호	tem 땜	우표	thịt bò 팃 버	소고기
số hiệu 쏘 히에우	호수	tên chuyến bay 땐 쮜이엔 바이	편명	thịt cừu 팃 끄우	양고기
sông 쏨	강	tennít 때닛	테니스	thịt gà 팃 가	닭고기
sơn môi 썬 모이	립스틱	thâm 텀	검은	thịt heo 팃 헤오	돼지고기
sơn móng 썬 멈	매니큐어	tham quan du lịch 탐 꾸완 주 릭	여행하다	thời biểu 터이 비에우	시각표
số phòng 쏘 펌	방 번호	thẳng 타앙	곧은	thời gian có hiệu lực 터이 쟌 꺼 히에우 륵	유효 기간
sốt cà chua 쏫 까 쭈아	케첩	thang cuốn 탕 꾸온	에스컬레이터	thời tiết 터이 띠엣	날씨
sở thú 써어 투	동물원	thang máy 탕 마이	엘리베이터	thông báo 톰 바오	통보하다
sốt ma-yo-ne 쏫 마 요 네	마요네즈	thành phố 타잉 포	도시	thức ăn liền 특 안 리엔	즉석식품
sữa bò 쓰아 버	우유	thanh toán sau 타잉 또안 싸우	후불	thực đơn 특 던	메뉴

205

thuế giá trị gia tăng 투에 쟈 찌 쟈 땅	부가세	tia X 띠아 익쓰	엑스레이	tin nhắn 띤 냔	문자
thuế sân bay 투에 썬 바이	공항세	tiệm bán áo quần 띠엠 반 아오 꾸언	옷 가게	tin tức 띤 뜩	소식
thùng rác 뚱 작	쓰레기통	tiệm bánh mì 띠엠 바잉 미	빵집	tỉ số hối đoái 띠 쑈 호이 도아이	환율
thuốc 투옥	약	tiệm bán thực phẩm 띠엠 반 특 퍼엄	식료품점	tivi 띠비	텔레비전
thuốc aspirin 투옥 아스삐린	아스피린	tiền 띠엔	돈	tóc 떡	머리카락
thuốc bắc 투옥 박	한약	tiền chênh lệch 띠엔 짼 레익	웃돈	tối 또이	밤
thuốc cảm 투옥 까암	감기약	tiền để dành 띠엔 데에 자잉	저금	tổng cộng 또옹 꼼	합계
thuốc gây tê 투옥 거이 때	마취제	tiền đồng 띠엔 돔	동전	tôn giáo 똔 지아오	종교
thuốc giải nhiệt 투옥 지아이 니엣	해열제	tiếng Anh 띠엥 아잉	영어	tổng thống 또옹 통	대통령
thuốc giảm đau 투옥 지암 다우	진통제	tiền mặt 띠엔 맛	현금	tờ quảng cáo 떠 꾸앙 까오	광고지
thuốc lá 투옥 라	담배	tiền taxi 띠엔 딱씨	택시비	trái cây 짜이 꺼이	과일
thuốc nhỏ mắt 투옥 녀어 맛	안약	tiền thối 띠엔 토이	잔돈	trả lại mặt hàng này 짜아 라이 맛 항 나이	환불 품목
thuốc nhuận trường 투옥 뉴원 쯔엉	변비약	tiền thuế 띠엔 투에	세금	trạm xăng 짬 쌍	주유소
thư viện 트 비엔	도서관	tiền tip 띠엔 띱	팁	trạm xe buýt 짬 쎄 볏	버스 정류장
thú vui 투 부이	흥취	tiền trọ 띠엔 쩌	숙박비	tráng miệng 짱 미엥	디저트
thủy cung 투이 꿈	아쿠아리움	tiếp tân 띠엔 떤	손님을 접대하다	tranh 짜잉	그림
thuyền 투이옌	배	tiêu 띠에우	후추	trả phòng 짜아 펌	체크아웃
thuyền du lịch 투이옌 주 릭	유람선	tìm kiếm 띰 끼엠	조사하다	trẻ 쩨에	늦은
thủy tinh 투이 띵	유리	tính tiền 띵 띠엔	계산하다	trẻ em 쩨에 앰	어린이

trẻ vị thành niên 쩨에 비 타잉 니엔	미성년자	vạch ngăn băng qua đường 바익 응안 방 꾸아 드엉	횡단보도	vườn 브언	정원	기본 회화
trở về 쩌어 베	돌아오다	vai 바이	어깨	**X**		맛집
trứng 쯩	달걀	vận động 번 돔	운동	xa 싸	먼	
trung tâm 쭝 떰	중심	văn hóa 반 화	문화	xà bông 싸 범	비누	쇼핑
trường học 쯔엉 헙	학교	vào 바오	들어가다	xăng 쌍	가솔린	
tủ gửi đồ 뚜우 그으이 도	보관소	vật giá 벗 쟈	물가	xe buýt 쎄 빗	버스	관광
túi giấy 뚜이 지어이	종이 가방	vật thất lạc 벗 텃 락	분실물	xe buýt du lịch 버스 쎄 빗 주 릭	관광 버스	
túi xách 뚜이 싸익	손가방	váy đầm 바이 덤	치마	xe buýt đường dài 쎄 빗 드엉 자이	고속버스	엔터테인먼트
tủ lạnh 뚜우 라잉	냉장고	vé 베	표	xe cấp cứu 쎄 껍 끄우	구급차	
tự nhiên 뜨 니엔	자연	vé giảm giá 베 지암 쟈	할인 티켓	xe đạp 쎄 답	자전거	뷰티
tuổi tác 뚜오이 딱	나이	vé khứ hồi 베 크 호이	왕복 티켓	xe lăn 쎄 란	휠체어	
tự phục vụ 하다 뜨 푹 부	셀프서비스	vé lên tàu 베 랜 따우	배표	xe limusin 쎄 리무진	리무진	호텔
tuyến nội địa 뚜이엔 노이 디아	국내선	vé máy bay 베 마이 바이	비행기 표	xem lại 쌤 라이	다시보다	
tuyến nước ngoài 뚜이엔 느윽 응오아이	국제선	vết thương 벳 트엉	상처	xe ô tô 쎄 오또	자동차	교통수단
tuyết 뚜이엣	눈	ví 비	지갑	xe taxi 쎄 딱씨	택시	
U		viện bảo tàng 비엔 바오 땅	박물관	xe thuê 쎄 투에	렌트카	기본정보
uốn tóc 우온 떡	파마하다	viết 비엣	쓰다	xóa bỏ 쏘아 버	말소하다	단어장
V		vở 버	잡다	xuất phát 쑤윗 팟	출발하다	
				xuống 쑤옹	내리다	

여행 베트남어 ^{co-Trip} ことりっぷ

초판 인쇄일 2023년 1월 13일
초판 발행일 2023년 1월 27일
지은이 코트립 편집부
옮긴이 조시연, 임휘준
발행인 박정모
등록번호 제9-295호
발행처 도서출판 혜지원
주소 (10881) 경기도 파주시 회동길 445-4(문발동 638) 302호
전화 031)955-9221~5 팩스 031)955-9220
홈페이지 www.hyejiwon.co.kr

기획 박혜지
진행 박혜지, 박주미
디자인 김보리
영업마케팅 김준범, 서지영
ISBN 979-11-6764-041-3
정가 13,000원

co-Trip KAIWA CHOU ことりっぷ 会話帖